JN300410

英語の基本動詞をマスターする

Haveの辞典

市川功二 ──[著]
Koji Ichikawa

東京堂出版

はじめに

「あの人はスタイルがいいわね」

これをあなたは，英語でどのように表現しますか。ネイティブ・スピーカーは人や物の特徴を表す場合，基本動詞のhaveを使って次のように簡単に言います。

・男性であれば……He **has** a good **build**.
・女性であれば……She **has** a good **figure**.

（buildは男性の体形，figureは女性の体形を指す）

「スタイルがいい」という場合，ネイティブ・スピーカーは，

　　He[She] **has** a good **style**.

とは言いません。これは「彼は（彼女は）文章がうまい」と全く別の意味になってしまい，話の相手は，突然の話題の変化にあなたの顔を見て，目を丸くすることになるでしょう。

ここでもう少し問題をやってみましょう。次の文章を英語に直してみてください。

①私は危機一髪で命拾いした。
②彼女はうぬぼれている。
③それ以来，夫を見直しました。（今では夫も捨てたものではないと思っていますわ）

上記の自然な英訳は，動詞にhaveを使い，その目的語としての名詞を的確に選ぶことにより次のようになります。

① I **had** a narrow **escape** from death.
I **had** a close **shave** with death.
② She **has** a swollen **head**.
③ I **have** a better **opinion** of my husband since then.

　英文例については本文中の実践編にも解説していますので参照してください。上記例文よりお分かりいただけるように，現代の英語では，基本動詞（**have, give, make, take & get**）が多用される傾向があります。その中でも特に**have**が多く用いられます。これと同時に，他の一般動詞がそのままの形で名詞化されて基本動詞の目的語になり，新しいタイプの「動詞句」を形成しています。上記例文のhave an escape, have a shave（逃れる，脱する）がそれに相当します。

　一方，名詞化されたescapeやshave等は，名詞ゆえに時制（tense），態（voice），法（mood）などに伴う変化をすべて基本動詞に任せ，名詞自体は，他の西洋語には例外なくある「性・数・格等による変化」はなく，実質的に無変化です。

　このことは英語の長年にわたる単純化（simplification）の過程において，その最終段階である動詞の単純化が足早に進んでいると理解されます。もちろん一つの言語の単純化が，そのネイティブ・スピーカーにより意識的，意図的に行われることはありえませんが，その利便性，あるいは単純性ゆえに，特定の表現が好んで使われるようになることは充分ありえます。さらに，この構文が簡単でありながら，的確で，正確なメッセージが伝達できればなおさらのことです。

　この英語の単純化の傾向は，外国語として英語を学ぶ者にとっては，歓迎すべき進化であり，また，この言語進化をしかと把握し，その流れに歩調を合わせて進むことは，言語の効率的修得につながるものです。本書を通じて現代英語におけるhaveの担う重要な機能をあらた

めて認識し，英語学習に役立てていただければ，筆者の喜びとするところであります。

そのためにもまず本書の「基礎編」を熟読してください。本書を準備するにあたって，常に心掛けたことは，「従来の文法中心の英語教育」より脱却し，「主語＋動詞（have）＋目的語」の最も基本的な構文のpattern practiceが容易にできるように例文を短く，やさしくすることでした。実践編では，項目ごとに代表的な3例文を挙げました。この3例文は特にパターン練習の対象とし，繰り返し音読して暗記に努めてください。さらに「類似表現」及び「関連表現」の欄を設けて，スペースが許す限り例文を多く載せて，項目ごとの総合的理解力と表現力を身に付けてもらうように工夫しました。したがって，本書は，時としては辞書の役目を果たし，時としては参考書としてフルに活用してください。

また，かっこ類のうち，[　]は直前の語句との言い換えが可能であることを示し，（　）は省略可能であることを示します。

最後に，本書の出版にあたっては，東京堂出版の渡部俊一氏に多大のご理解とご支援を賜りました。また，アントニー・ジョン・カミンズ氏には，ネイティブの立場で英文のご確認をお願いし，貴重なアドバイスをいただきました。ここに記し感謝の印といたします。

2009年9月

市川　功二

Haveの辞典●目次

はじめに 1

プロローグ
[1] 現代英語ではなぜhave, give, make, take及びgetが多用されるのか……………8
[2] なぜ,基本動詞の中でhaveをここで取り上げたか………………11

第1部　基礎編●動詞の名詞化

[1] 動詞の名詞化が進む…………………14
[2] 現代英語の主役は名詞…………………19
[3] 英語のロジックを担うhave (get, take) とgive (make)
　　　　　　　　　　　　　　　　　…………………24

第2部　実践編 ● haveの活用

[1] 動詞の名詞化 ……………… 28
 1 休養・娯楽　28
 2 運動をする　30
 3 恐怖・不安　31
 4 食べる・飲む　33
 5 気持ち・感覚　34
 6 転ぶ　36
 7 話し合う・雑談する　37
 8 旅行する　39
 9 笑う・泣く　40
 10 生活一般　42

[2] 病気を表す表現 ……………… 44
 1 風邪を引く　44
 2 苦痛・痛み　46
 3 お腹の調子　48
 4 〜が凝る　50
 5 血圧が高い　51
 6 皮膚の病気　53
 7 耳・鼻・のどの病気　54
 8 筋肉の痛み・骨折　56
 9 病気一般(1)　57
 10 病気一般(2)　59

[3] 名詞構文の活用 ……………… 61
 1 理解する・知識がある　61
 2 愛着と嫌悪　63
 3 目的がある・目標を持つ　65
 4 影響がある　67
 5 把握する　70
 6 意見・見解が異なる　72
 7 関係がある　74
 8 尊敬する　76
 9 会話・雑談をする　77
 10 予感がする　79
 11 討議する　81
 12 称賛する　82
 13 論争する　84
 14 想像する　85
 15 〜と評判だ　87
 16 傾向がある　89
 17 けんかをする　91
 18 提案する　93
 19 一般表現　94

[4] 特徴・性格・体型 ……………… 96
 1 才覚がある　96
 2 顔の表情　98
 3 元気がいい　99
 4 根性がある　101
 5 性格・気性　103
 6 体の部分と特技・特性　104

7　体型の表現　106
　　8　長所と短所　108
　　9　音痴・音楽の才能　110
　　10　魅力がある　111
　　11　厚かましい　113
　　12　雰囲気がある　114
　　13　特徴がある　116
[5] 知名度に関する表現……………119
　　1　コネがある　119
　　2　顔が広い　121
　　3　注目を集める　122
[6] 才能・特技……………125
　　1　コツを知っている　125
　　2　記憶力がいい・悪い　127
　　3　能力がある　128
[7] 成功・損得……………131
　　1　成功する　131
　　2　損をする　133
[8] 自然・豊作……………135
　　1　自然現象　135
　　2　豊作である　137
[9] 物性・形状……………139
　　1　物性を表す　139
　　2　形状を表す　141
[10] 故障・けが……………143
　　1　故障・事故　143
　　2　傷・けが　145
[11] 理容に関する表現……………147
　　1　床屋・美容院で　147
　　2　いろいろな「ひげ」　149
[12] 日常生活で役立つ表現のいろいろ……………151
　　1　食べる・飲む　151
　　2　経験する　153
　　3　催す・開く・行う　154
　　4　感覚表現　156
[13] 困難・苦労……………158
[14] 優劣を表す言い方……………160
[15] 予定・約束……………162
[16] 見直す……………164
[17] 不満・苦情……………166
[18] 欲求・渇望……………168
[19] 衝動に駆られる……………170

［20］権利・義務がある……172
［21］危機一髪……174
［22］仕上がりが良い・悪い……176
［23］健康診断を受ける……178
［24］休憩・休養をとる……180
［25］怖がる・恐れる……182
［26］試合がある……184
［27］偏見がある……186
［28］懐が寂しい……188
［29］響きがある・思い当たる節がある……190
［30］手掛かり・糸口……192
［31］その他の表現……194

1　ああ言えばこう言う　194
2　つぶしが利く　194
3　（趣味などに）うるさい　195
4　ひとめぼれする　195
5　頭がどうかしている　196
6　先見の明がある　196
7　根拠に欠ける　197
8　底なしの酒豪だ　197
9　一枚かんでいる　198
10　なんとなく気が進まない　198
11　世間からもてはやされる　199
12　気持ちが変わる　199
13　運動神経が鈍い　200
14　筋がいい　200
15　七転び八起き　201
16　音を上げる　201
17　間が持たない　202
18　はき違える　202
19　懐が深い　203
20　あくまでも慎重に　203

キーワード索引　204

プロローグ

[1] 現代英語ではなぜhave, give, make, take及びgetが多用されるのか

　英語の新聞や雑誌に目を通すと，そのheadline（見出し）で，そしてlead（前文）やbody（本文）でhave, give, make, takeやgetの基本動詞がやたらに目に飛び込んできて，紙面でこれらの基本動詞が踊っている感じを持たれた読者は多いと思う。もしまだそうした感じを持たれていなかったら，これから新聞や雑誌を読む時，意識的に上記基本動詞を探してみてほしい。驚くほど多く使われていることに気づくはずだ。

　それではなぜ，現代英語で5つの基本動詞が多用されるようになってきたのであろうか。いろいろ解釈はあると思うが，私は英語が限りなく「単純化」していく過程で，最後に残されたプロセス，すなわち「動詞の単純化」が進行している過程での現象と見ている。

　フランス語やドイツ語などの西欧語を勉強された人は，名詞の性（男性・女性・中性）による形容詞や所有代名詞の語尾変化，さらに冠詞の変化などに最初は相当苦労されたはずだ。英語はこの点極めて単純化され，名詞の性もなく，したがって形容詞や冠詞の変化に気を遣うこともない。ネイティブ・イングリッシュ・スピーカーはもちろん，外国語として学ぶ我々外国人にとっては，実に歓迎すべきことだ。

　しかし英語においても，動詞の時制，すなわち過去完了・過去・現在・現在完了・未来及び未来完了の変化，さらには，受動態や進行形

の形態を維持していくことは必要であり，言語である限り避けて通ることは不可能である。一つの国語として，一つの言語として，これ以上の単純化を推し進めることはあり得ないように見られた。

しかし，ダイナミックな英語単純化へのモーメンタム（勢い）はここで切れることなく，基本動詞に時制や態などすべての変化を委ね，一般動詞の多くを名詞化し，「基本動詞＋名詞」の構文で可能な限り表現する道を自然に選択したと解釈される。

もちろん，個々のネイティブ・イングリッシュ・スピーカーがこの単純化過程を意識的に推進することなど考えられないし，あり得ない。自然発生的に生まれ，その便利さゆえに育ち，育てられてきたと考えられる。

ここで具体例として，chooseの語形変化である活用（conjugation）を，皆さんは簡単に言えるだろうか。

その形には，原形（choose），現在形（choose），過去形（chose），過去分詞形（chosen），現在分詞形（choosing）があり，主として他動詞として使われる。

一方，最近の英語では，chooseの名詞形choiceがmake, take, have, giveやgetの目的語になり，make a choice, take a choice, have a choice, give a choiceやget a choiceの形が多用されるようになった。例文を少し挙げてみよう。

- You **made** an excellent **choice**.（いいものをお買い上げになられました）
- You should have **made** a better **choice**.（もっといい物があったでしょう［選べたはず］）
- Please **make** a **choice** between the two.（2つの中からお選びください）
- **Make** a **choice** at random.（適当にお選びください）
- You can **have** a **choice** of this or that.（どちらかをお選びいただけます）
- We **have** a large **choice** of fresh fish.（新鮮な魚を豊富に取り揃えております）

- I'm afraid I **have** no other **choice** in the matter.（その件に関しては，選択の余地はないみたいだね）
- I **gave** him a **choice** between them.（それらの中から彼に選ばせた）
- You can **take** your **choice**.（好きな物をお持ちになって結構です）
- That's the only **choice** I've **got** now.（今はそれしか選択肢がない）

ここでは時制が過去形であれば，日ごろ使い慣れている5つの基本動詞を過去にすればよく，chooseの活用としての過去形に煩わされることはない。受身にしたければ，

- A good choice was really made.

とすることにより，chooseの過去分詞のお世話になることもない。さらに大切なことは，

- You've made an excellent choice.（いい買い物をしたね）

のように，名詞であるchoiceの前に的確な形容詞を使うことにより，表現の幅が大きく広がることである。

たとえば動詞desireを名詞化し，have a desire（〜したい，望みを抱く，欲しいと思う）の構文でこの点をもう少し見てみよう。

- I **have** a **desire** to be a chanson singer.（私はシャンソン歌手になりたい）
- I **had** a strong **desire** to be a diplomat.（昔は外交官になりたくてしかたなかった）
- I **had** an uncontrollable **desire** to get it.（それをどうしても手に入れたいという抑えがたい衝動に駆られた）

以上より，英語表現の幅を広め，奥行きを深くするには，「基本動詞＋名詞」の構文をうまく選び，さらに的確な形容詞を使うことがキーになる点をご理解いただけたと思う。この場合，基本動詞と名詞との間には相性の良いものと悪いものがあるので，日ごろ英文に接する際，この点を意識して読み，いい表現に巡り合ったらメモする習慣を身に付けることを勧めたい。

たとえばtake a measure（対策を立てる）と言えても，make a

measureとは言わない。make a catch（捕球する）と言えても，take a catchとは言わない。あるいはmake delivery ofは「配達する，デリバリーする」を意味するが，take delivery ofは「引き取る，受け取る」を意味する。使う基本動詞によりまったく意味が異なる場合もある。

したがって，できるだけやさしい多くの英文に接して，日ごろよりストックを増やし，必要に応じ的確な表現がいつでもテイクアウトできるような態勢を，本書を参考にしながら自ら作ってほしい。

[2]　なぜ，基本動詞の中でhaveをここで取り上げたか

5つの基本動詞の中で，なぜ本書でhaveを取り上げたのかは，次の2つの理由による。

(A) 日常会話の中では，have, give, make, take 及び get の「基本動詞＋名詞」の構文が非常に多く使われている。その中でも

- 人の性格，特徴
- 人の才覚，能力
- 人の長所，短所
- 人の病気，病状
- 物の特徴，形状
- 自然現象（天候，季節など）

などの分野では，haveが圧倒的に便利であり，このため最も多用されている。さらに日常会話では，上記のような話題が圧倒的に多い。

(B) 動詞としてのhaveの持つ性質上，ほかの基本動詞を使った表現をhaveの構文で言い換えることが簡単にできる。ここで少し簡単な例を挙げてみよう。

- Will you please **give** me a **ride** home?（家まで車に乗せてもらえませんか？）
    - →May I **have** a **ride** home?
- Will you **give** it a second **thought**?（それを考え直してもらえませんか？）
    - →May I **have** your second **thought** about it?
    - →May I **have** your **thoughts** about it?
    - →Do you **have** any other **thoughts** about this?
- Will you please **give** me a **day off** tomorrow?（明日一日休暇をもらえませんか？）
    - →May I **take** a **day off** tomorrow?
    - →May I **have** a **day off** tomorrow?
    - →Do you think I can **get** a **day off** tomorrow?
- I'll **make** a final **decision** tomorrow.（明日，最終的に決定します）
    - →I'll **have** a final **decision** tomorrow.
- Will you **take** a quick **look** at it?（それにざっと目を通してもらえますか？）
    - →Did you **get** a **look** at it?
    - →Please **have** a quick **look** at it?

5つの基本動詞の中でも，haveをうまく使えば日常会話やビジネス会話で非常に幅広い意思表示ができることをご理解いただけたと思う。

本書では，サブジェクトごとに原則として3つの代表的な例文を挙げているので，これをしっかり覚えていただきたい。

この3つの表現がいわば木の「幹」に当たり，その後に出てくる類似表現及び関連表現が「枝葉」となって，サブジェクト全体としての「木」を形成している。即ち，それぞれのサブジェクトに必要な表現をほぼ網羅している。大いに日常会話に，そしてビジネス会話に活用していただきたい。

Part 1
I have it!

第 1 部

基礎編 ● 動詞の名詞化

［1］動詞の名詞化が進む

　プロローグでも触れたように，「単純化」への道を歩み続けてきた英語の歴史において，現代英語では最終段階としての「動詞の単純化」のプロセスに入っており，これは文明の高度化が進むにつれて一層拍車がかかりつつある。すなわち一般動詞は，ほかの西洋言語と異なり，性，格，及び人称変化をしない名詞にその機能を移行し，基本動詞（have, give, take, make, get）の目的語として，形容詞の助けも得て，本来の動詞が持っていた意味以上のニュアンスを出すことに成功してきている。

　こうして動詞の活用（conjugation），時制（tense），及び態（voice）に伴う変化は，すべて基本動詞に任せることにより，現代英語の単純化は確実に進みつつある。

　辞書で動詞restを引くと，

　【名詞】休息，休養，休憩，安堵

　【自動詞】休む，休養する，休憩する，気楽にしている，置かれている，載せてある

　【他動詞】休息させる，休養させる，置く

などが主な意味として挙がっている。現在では名詞と動詞の割合はほぼ半々であるが，将来は名詞の割合が次第に増えていくであろう。少なくとも活用辞典の例文には名詞としてのrestが圧倒的なスペースを占めてくるであろう。

[1]動詞の名詞化が進む

ここでrestの活用例を少し挙げてみよう。
- Please have a good night's rest.（ゆっくりお休みください／よく寝てください）
- Let's have a short rest in the shade.（日陰でちょっと休憩しよう）
- Why don't you have a rest?（一息つかれたら？）
　　—— That's a good idea.（それはいいね。）
- I had a good rest yesterday.（昨日はゆっくり休養を取った）
- Please take a rest for an instant.（ちょっと休憩してください）
- Please give them a short rest.（あの人たちにちょっと休憩してもらってください）

はっきり名詞化が進んでいる主な動詞を挙げると次のとおり。

1	rest	have a rest	休養する，休息する
2	sleep	have a sleep	睡眠を取る，寝る
3	nap	have a nap	仮眠を取る，うたた寝をする
4	doze	have a doze	仮眠を取る，うたた寝をする
5	dream	have a dream	夢を見る
6	soak	have a soak	水［湯］に浸かる
7	shower	have a shower	シャワーを浴びる
8	tan	have a tan	日焼けする
9	break	have a break	休憩する，一息つく
10	lie down	have a lie down	(lie-downとする場合もある) 横になる，横になって休む
11	walk	have a walk	歩く，散歩する
12	stretch	have a stretch	ストレッチをする，手足を伸ばす
13	swim	have a swim	泳ぐ，水泳をする
14	ski	have a ski	スキーをする
15	ride	have a ride	車に乗る

16	swing	have a swing	スイングする，振る
17	dip	have a dip	水に浸かる，水遊びをする
18	run	have a run	走る，一走りする
19	practice	have a practice	練習をする
20	exercise	have an exercise	運動する
21	race	have a race	競走をする
22	fall	have a fall	落ちる，つまずく，転ぶ
23	feel	have a feel	感じがする，〜の勘がある，センスがある
24	scare	have a scare	怖い，怖がる
25	fear	have a fear	不安を抱く，心配する，怖い
26	dread	have a dread	恐怖を感じる
27	toast	have a toast	乾杯する
28	bite	have a bite	一口食べる，嚙みつく
29	suck	have a suck	一口飲む，すする
30	sip	have a sip	すする，一口飲む
31	lick	have a lick	舐める
32	drink	have a drink	飲む，一杯やる
33	desire	have a desire	望む，希望する
34	hope	have a hope	望みを抱く，期待する
35	regret	have a regret	後悔する，残念がる
36	review	have a review	見直す，回顧する
37	look	have a look	見る，観察する
38	interest	have an interest	興味がある，関心がある
39	grasp	have a grasp	把握する,掌握する（= have a grip）
40	smell	have a smell	匂いがする，匂いをかぐ
41	taste	have a taste	味がする，味見する，味わってみる
42	slip	have a slip	足を滑らす，滑って転ぶ

43	tumble	have a tumble	つまずく，転ぶ
44	debate	have a debate	議論する，討論する
45	talk	have a talk	話し合う，雑談する
46	chatter	have a chatter	雑談する（= have a chat）
47	trip	have a trip	旅をする
48	stay	have a stay	滞在する
49	visit	have a visit	訪問する，訪ねる，〜から訪問を受ける
50	laugh	have a laugh	（声を出して）笑う
51	smile	have a smile	（声を出さずに）笑う，ほほえむ
52	chuckle	have a chuckle	含み笑いをする，一人で笑う
53	giggle	have a giggle	くすくす笑う
54	cry	have a cry	（声を出して）泣く
55	weep	have a weep	すすり泣く
56	wash	have a wash	洗う，洗濯する
57	wipe	have a wipe	拭く，拭き掃除をする
58	brush	have a brush	ブラシを掛ける
59	try	have a try	挑戦する，試す，やってみる
60	wait	have a wait	待つ，待たされる
61	exit	have an exit	退場する，出る
62	start	have a start	出発する，始める
63	yawn	have a yawn	あくびをする
64	snore	have a snore	いびきをかく
65	fight	have a fight	けんかをする
66	search	have a search	調査する，調べる
67	guard	have a guard	保護する，守る
68	escape	have an escape	逃げる，逃れる
69	trust	have a trust	信頼している，信用する

70	mistrust	have a mistrust	不信感がある，信用しない
71	respect	have a respect	尊敬する，敬意を払う
72	conflict	have a conflict	論争する，対立する
73	quarrel	have a quarrel	けんかする，口論する
74	answer	have an answer	答える，解答する
75	guess	have a guess	想像する
76	experience	have an experience	経験する
77	plot	have a plot	画策する，企てる
78	dance	have a dance	ダンスする,ダンスパーティーを催す
79	jog	have a jog	ジョギングする
80	doubt	have a doubt	疑問を感じる，疑う
81	letdown	have a letdown	がっかりする，失望する
82	brainstorm	have a brainstorm	妙案がある，妙案を思い付く
83	trend	have a trend	傾向がある
84	praise	have praise	高く評価する，称賛する，称賛を受ける
85	hunch	have a hunch	予感する
86	regard	have a regard	尊敬する,評価する(= have an esteem)
87	view	have a view	意見を持つ，展望する，眺める
88	impact	have an impact	影響を及ぼす，波及する
89	ache	have an ache	痛い，痛む
90	itch	have an itch	痒い，食指が動く
91	slide	have a slide	滑る
92	stroll	have a stroll	散歩する，散策する
93	hold	have a hold	急所を握っている，死命を制する
94	cough	have a cough	咳が出る

[2] 現代英語の主役は名詞

　動詞の名詞化は第1部［1］で述べたように確実に進行している。一方，日常会話でよく使われる動詞の中には，その名詞形が以下に示すように別に存在するものも少なくない。この場合においても，「have＋名詞」の形が，その発想の画一性，単純性，利便性ゆえに好んで使われる傾向がある。

1　think《動》— thought《名》 have a thought　考える
2　consider — consideration　have a consideration　考慮する
3　understand — understanding　have an understanding　理解する
4　discuss — discussion　have a discussion　打ち合わせる，議論する
5　suggest — suggestion　have a suggestion　提案する
6　imagine — imagination　have an imagination　想像する
7　know — knowledge　have a knowledge　知っている，分かっている，知識を持つ
8　intend — intention　have an intention　意図する
9　apply — application　have an application　応用する
10　admire — admiration　have an admiration　称賛する

11	perceive — perception	have a perception
		気づく，認識している
12	remember — memory	have a memory
		記憶している，覚えている
	— remembrance	have remembrance
		覚えている，記憶がある
13	connect — connection	have a connection　関係がある
14	relate — relation	have a relation　関係がある
	— relationship	have a relationship
		関係がある，関係する
15	ally — alliance	have an alliance　提携する
16	deliberate — deliberation	have a deliberation
		審議する，論議する
17	argue — argument	have an argument
		論争する，議論する
18	receive — reception	have a reception
		レセプションを催す，評判がある
19	tend — tendency	have a tendency　傾向がある
20	propose — proposal	have a proposal
		申し込む，提案する，提案がある
21	suspect — suspicion	have a suspicion
		疑う，疑念を抱く
22	reserve — reservation	have a reservation
		予約する，予約がある
23	prefer — preference	have a preference　～をより好む
24	expect — expectation	have an expectation　期待する
25	determine — determination	have a determination
		決心する，決定する

26	consult — consultation	have a consultation　診察を受ける
27	operate — operation	have an operation　手術を受ける （= have surgery）
28	expose — exposure	have an exposure 　接触がある，さらされる
29	appreciate — appreciation	have an appreciation 　真に理解する，観賞眼がある
30	explain — explanation	have an explanation　説明を受ける
31	incline — inclination	have an inclination 　傾向がある，癖がある
32	fly — flight	have a flight　空の旅をする
33	agree — agreement	have an agreement 　契約を交わす，契約を結ぶ
34	affect — affection	have an affection 　愛情がある，好意を持つ
35	attach — attachment	have an attachment 　愛着がある，愛用している
36	hate — hatred	have a hatred 　憎悪する，憎しみを持つ
37	detest — detestation	have a detestation　嫌悪感を抱く
38	converse — conversation	have a conversation 　会話を交わす，対話する，雑談する
39	forebode — foreboding	have a foreboding 　（悪い）予感がする
40	propense — propensity	have a propensity 　傾向がある，癖がある

基本動詞に活用・時制・態の変化を任せ，表現を単純化する動きは，換言すれば，名詞を多用する名詞主体の文章にほかならない。すなわち基本動詞の目的語となる名詞が主役を果たし，それを修飾する形容詞が助け役を果たして，簡単な構文にもかかわらずより的確で，正確な表現が可能になるのである。

　現代英語では，動詞の数が限定されてきているので，いかに的確な名詞を選んで使うかが，相手の注意を引き，効果的な対話をする際のキー（key）になる。そして名詞が決まれば動詞は自ずと決まるのである。

　たとえば，理髪店で目的を達成するための表現を考えてみると，次のように名詞が主役であることがご理解いただけよう。

- "Just a shave, please."（ひげ剃りだけお願いします）
- "Just a trim, please."（カットだけお願いします）

　上の表現で十分目的を達成できるが，これを主語・動詞を備えた文にするには次のように言えばよい。

- "May I **have** just a **shave**[**trim**], please?"
- "Will you **give** me just a **shave**[**trim**], please?"

　名詞中心の文体が定着してくると，動詞とは直接関連がない名詞を基本動詞と組み合わせた表現も簡便性ゆえに頻繁に使われるようになってきた。

　この例の主なものを挙げると次のとおり。

1　have a purpose（目的がある）
2　have a goal（目標がある）
3　have an objective（目標がある）
4　have an effect（影響がある，影響する）
5　have a consequence（因果関係がある）

6 have an idea（知っている，分かっている）
7 have a picture（実態をよく理解している，分かっている）
8 have a notion（判断がつく，考え方をしている，知っている）
9 have an opinion（意見である，見方をしている）
10 have a perspective（見方をしている）
11 have a dialog（対談する，対話する）
12 have a premonition（〈悪い〉予感がする）
13 have a presentiment（〈悪い〉予感がする）
14 have an inkling（気がする）
15 have a composure（落ち着いている）
16 have a reputation（評判がある）
17 have a penchant（傾向がある）
18 have a showdown（雌雄を決する）
19 have a predisposition（体質である，体質がある）
20 have a run-in（口論する，いさかいを起す）

[3] 英語のロジックを担う have(get, take)とgive(make)

現代英語の特徴を考察するとき，忘れてはならないことは，日常会話に使われる単語が簡単（simple）でコンパクト（compact）になる傾向が顕著になりつつあることだ。すなわち，いわゆるbig word（大げさな言葉，難解な言葉）が嫌われ，理解しやすく，しかも短い単語が好んで使われている。この意味でも基本動詞は，それぞれこの流れに沿ったものであると言えよう。

しかしもっと大切なことは，この簡単な**基本動詞**が，英語のロジックの担い手として最適であり，ほかに代えがたい機能を持ち合わせていることである。

日本語を話すときには，対話者や聞き手との様々な関係や上下意識が常に伴うので，重要なところをぼかし，時としては話し手のアイデンティティーすら明確にしない傾向がある。

一方，英語は極めてロジカルな言語であり，文章構成において，動作の主体，及び対象をはっきり表示する。さらに自己と他人を明確に区分する自我意識が強いので，これがロジックを大切にする素地を与えているのである。

次の例文を参照にしてほしい。

● I **have** a bad **cold**. He **gave** it to me. = I **got** a bad **cold** from him.

（私は彼にひどい風邪をうつされた）

　＊give:（病気を）うつす

●She gives me a headache.（彼女には頭が痛い）

　上の簡単な文においても，それぞれ人間関係や問題点の主体と対象が明確であり，これに基本動詞のhaveとgiveが実にはっきりした機能を果たしていることが理解いただけると思う。簡潔かつ明瞭でロジカルな文章は，基本動詞の機能を離れて語ることはできない。

　それでは，次章では実践編としてhaveを用いた様々な表現を見ていきたい。

Part 2
I have it !

第**2**部

実践編◉haveの活用

[1] 動詞の名詞化

❖ここでは従来動詞として使われてきたものが、形を変えずそのまま名詞化され基本動詞haveの目的語となっている構文をまとめて取り上げた。基礎編で述べた現代英語の単純化への流れを、例文より自然に読み取っていただけると思う。

1 休養・娯楽

① I **had** a good **rest** yesterday.（昨日はよく休養した）
② I **had** a good **sleep** last night.（昨晩はよく眠った）
③ I **had** a beautiful **nap** this afternoon.（今日午後気持ちよく昼寝した）

　休養する (rest, recess)、眠る (sleep)、うたた寝する・昼寝する (nap, doze)、夢を見る (dream)、湯に浸かる (soak)、シャワーを浴びる (shower)、日に焼ける (tan) などは、すべて休養や娯楽に関連した動詞である。

　これらの動詞を名詞化し、「have＋名詞」の構文で形容詞を上手に使うことにより幅広い言い回しが可能となる。

　さらに時制変化は、haveの活用 (conjugation) だけをしっかり覚えておけばよいので、文法的に間違いのない文章が書けたり、話したりできるのが大きな特徴である。例文を何回も声を出して読み、しっかり身に付けて活用してほしい。

● 類似表現

① I **had** a pleasant **doze** in the afternoon.（私は午後快適な昼寝をした）
② I **had** a good **dream** last night.（昨晩いい夢を見た）
③ I'll **have** a little **lie down** this afternoon.（午後少し横になって休むつもりだ）
　＊ lie down:《名》横になって休むこと。lie-downとハイフンを入れてもよい。
④ We **had** a good **soak** in the hot spring.（温泉にゆっくり浸った）
⑤ Did you **have** a good **sunbath** on the beach?（海辺で肌をよく焼きましたか）
⑥ I'm going to **have** a quick **shower**.（ちょっとシャワーを浴びてこよう）
⑦ Let's **have** a 10-minute **recess**.（10分間休憩しましょう）
⑧ Let's **have** a coffee **break**.（ちょっと休憩をしよう）

● 関連表現

① You need to **get** some **rest**.（あなたは休養が必要です）
② Let's **take** a 10-minute **break**.（10分休憩しましょう）
③ Please **take** a good **rest** tomorrow. It will do you a lot of good.
（明日はゆっくり休養してください。身体に大変いいですよ）
　＊ do you good: 身体にいい，健康にいい
④ I'm going to **take** a **day-off** tomorrow.（明日は1日休暇を取ります）
　＊ a day-off: 1日の休暇
　（参考）a week-off（1週間の休暇），a month-off（1か月の休暇）
⑤ Let's **take** a **breather**.（ちょっと一休みしましょう）
⑥ Let's **give** him a **breather**.（彼にちょっと休んでもらおう）
⑦ As it was sunny, she lay outside to **get** a **tan**.（天気が良かったので，日焼けするため，彼女は戸外で横になった）

2 運動をする

① I **had** a good **walk** today.（今日はよく散歩した）
② I **had** a good **stretch** in the open air.（野外で手足を思い切り伸ばした）
③ I'd like to **have a swim** today.（今日は水泳をしたい）

散歩する（walk），水泳する（swim），スキーをする（ski, slide），スケートをする（skate, slide），汗を流す（sweat），運動をする（exercise），走る（run），乗馬する（ride on a horse），ゴルフクラブ［バット］を振る（swing），競争する（race），練習する（practice）など，「運動」関連の動詞を名詞化し，それをhaveの目的語にすることによって，簡単かつ自然な英語で幅広い表現が可能になる。

◉ 類似表現

① Let's **have a ski** first and then **have a skate** later, too.（最初にスキーをし，後でスケートもしよう）
② May I **have a ride** on a horse?（馬に乗ってもいいですか）
③ I **had a fall** from a horse.（落馬した）
④ I **had** a great **workout**. I sweated a lot today.（しっかり運動して，今日はたっぷり汗を流した）
⑤ Jim **had a saunter** in the woods.（ジムは森を散策した）
　＊ saunter: のんびり散歩する，散策する
⑥ I **had** a little **exercise** yesterday.（昨日は軽い運動をした）
⑦ I'll go and **have a run**.（ちょっと走ってこよう）
⑧ He **has** a beautiful **swing**.（彼はいいスイングをしている）
⑨ She **has** a good **feel** for distance.（〈ゴルフで〉彼女はいい距離感をしている）

⑩ We **had** a **dip** in this river. (この川で軽く泳いだ)
⑪ They **had** a **race** home like small children. (家まで子供のように競走した)
⑫ I **had** a lot of **practice** at it. (何度もその練習を重ねた)

● 関連表現

① I haven't been **getting** much **exercise** these days. (このごろ運動不足だ)
② My doctor advised me to **take exercise** on a daily basis. (毎日決まって運動するよう医者に勧められた)
③ I try to **get** enough **exercise** to stay healthy. (健康を維持できるくらいの運動をするよう努めている)
④ Please **give** him a **ride** on horseback. (彼を馬に乗せてやってください)
⑤ I have **worked up** a good sweat. (練習していい汗をかいた)

3　恐怖・不安

① I **had** a real **scare** yesterday. (昨日は本当に怖かった)
② He **has a fear** of heights. (彼は高所恐怖症である)
③ Everybody **has a dread** of death. (死は誰にとっても怖いものだ)

　動詞より名詞化された「恐れ，恐怖」を表す主な単語を挙げると，fear, scare, dreadで，これらを使って「have＋形容詞＋名詞」の構文で，上記例文及び下記の類似例でも示したように，ニュアンスの異なった幅広い表現が可能となる。

◉ 類似表現

① I **have** a **fear** that I will make the same mistake.（同じ間違いを犯すのではないかと，不安です）
② I **have** little **fear** of being fired.（私は解雇される心配はあまりしておりません）
③ I **had** a **scare** the other day.（先日，怖いことがあった）
④ I **have** a **dread** of getting old.（年を取るのが怖い）
⑤ He **has** a **dread** of failure.（彼は失敗を大変怖がっている）

◉ 関連表現

① Fear has gripped me.（恐怖心に駆られた）
② They **had** a **shudder** of horror.（彼らは恐怖に身震いしていた）
③ Don't scare me like that.（そのように脅かさないでくださいよ）
④ You can't scare me with that.（そんなおどしは私には利かないぞ）
⑤ You scared 5 years off my life.（お前のおかげで5年も寿命が縮んだ）
⑥ It **gave** me a **shudder**.（それを考えただけでぞっとした）
⑦ She **has** a **fear** of snakes.（彼女は蛇をひどく怖がっている）
⑧ She doesn't **have** a fearful **bone** in her body.（彼女は怖いもの知らずだ）
　＊ not have a fearful bone in *one's* body: まったく怖がらない，怖いもの知らずだ
　My grandson is without fear.（私の孫はまったく怖いもの知らずだ）
⑨ I **have** no **head** for heights.（私は高所恐怖症だ）
　＊ have no head for: 〜に弱い
⑩ Everybody in this country **has** a **fear** of terrorist attacks.（この国の人は誰もテロ攻撃に恐怖感を持ち忌み嫌っている）

4 食べる・飲む

① Let's **have** a **toast**.（乾杯しよう）
② He **had** a quick **bite**.（彼は簡単に食事を済ませた）
③ He **had** a **sip** of sake.（彼は酒を一口飲んだ）

食べ方や飲み方にも色々ある。

- have a bite 　「一口食べる，簡単な食事をとる」
- have a suck 　「一口飲む」
- have a sip 　　「ちびりちびり飲む」
- have a lick 　　「ちょっと舐める」
- have a drink 　「飲む，一杯やる」
- have a toast 　「乾杯をする，祝杯をあげる」

などで，下の例文のようにその後に副詞句を添えていろいろな表現ができる。

● 類 似 表 現

① He **had** a **sip** of beer and **made** a **face**.（彼はビールを一口飲み，顔をしかめた）
　　＊ make a face: 顔をしかめる
② I **had** a **lick** of it.（それを舐めた）
③ Let's **have** a **drink** before going home.（一杯やって帰ろう）
④ They **had** a **drink** in desperation.（彼らはやけ酒を飲んだ）
⑤ I usually **have** a **drink** at dinner.（私はたいてい晩酌をする）
⑥ Let's **have** a **drink** for a change.（息抜きに［たまには］一杯やりましょう）
⑦ He **had** a **bite** at the snack bar.（彼はスナックで軽食を取った）

◉ 関連表現

① I'd like to **propose a toast** to the newlyweds.（新婚夫婦のために乾杯の音頭をとらせていただきます）
② Here's a **toast** to everyone's good health.（皆さんの健康を祈念して乾杯）
③ Will you **give a toast**?（乾杯の音頭をとっていただけますか？）
④ Shall we **make a toast**?（乾杯をしましょうか？）
⑤ Ladies and Gentlemen, allow me to propose a toast, wishing success and good health of everybody present here.（ここにご来席の皆様の成功と健康を祈念し，乾杯の音頭をとらせていただきます）
⑥ It was a lovely lunch, but he did not even **take a bite**.（おいしい昼食だったのに，彼は一口も食べなかった）
⑦ He **took** another **bite**.（彼はもう一口食べた）
⑧ He **took** a **gulp** of beer.（彼はビールをグイッと飲んだ）

5　気持ち・感覚

① He **had** a serious **desire** to be a politician.（彼は政治家になることを真剣に希望していた）
② I still **have** a faint **hope** that he'll **have success**.（彼はうまくやってくれると今でも望みを失っていない）
③ I **have regrets** about my rash decision.（性急な決定をしたことを後悔している）

　上記3語（desire, hope, regret）とも動詞としてもごく普通に使われる。しかし名詞として用いhaveの目的語にすると，時制変化はhaveに任せることができ，また形容詞をうまく使えば下の例文のよ

[1]動詞の名詞化

● 類似表現

① I **had** a **review** of it.（それを考え直してみた）
② I **had** another **look** at it.（それを改めて考えてみた／それをもう一度見直してみた）
③ He **has** a total lack of **interest** in the subject.（彼はその件にまったく関心がない）
④ He **has** a good **grasp** of the situation.（彼はその情勢をよく把握している）
 　＊ grasp: 理解（する），把握（する）
⑤ He **has** little **hope** of recovery.（彼は回復する見込みがほとんどない）
⑥ I **have** no **desire** to get involved in it.（それにかかわり合いになるのはごめんだ）
⑦ I **have** no **regrets** over my decision.（私の決断に悔いはありません）
⑧ It **has** a good **smell**. = It smells good.（それはいいにおいがする）
⑨ It **has** a good **taste**. = It tastes good.（それはおいしい）
⑩ It **has** a distinctive **smell**. = It smells distinctive.（それは独特のにおいがする）

● 関連表現

① It's too late now for regret.（今さら悔やんでも遅い）
② Regret always comes after.（後悔先に立たず）
③ You'll regret it later.（後悔するよ）
④ I hope it tastes good.（お口に合うといいのですが）
⑤ I hope you'll like it.（気に入っていただけるといいのですが）
⑥ I hope it will work out fine.（うまくいくといいね）

⑦ That leaves a lot to be desired.（それは全くなっていない／問題が多すぎる）
⑧ He **gives free rein** to his desires.（彼は好き勝手をしている）
　　＊ give free rein to:（欲望）のおもむくままにする

6　転ぶ

① She **had** a **slip** in the snow.（彼女は雪で足を滑らせ転倒した）
② He **had** a bad **fall** on the street.（彼は路上でひどく転んだ）
③ I **had** a **tumble** on the stairs.（階段でつまずいた）

　「つまずく」，「転ぶ」や「足を滑らす」は，英語にしにくい日本語表現だが，基本動詞と名詞を上手に使うことにより簡単に表現できる。すなわち，
●「足を滑らす」　　　have a slip
●「転ぶ」　　　　　　have a fall, have a tumble
●「階段を踏み外す」　take a false step on the stairs
●「石につまずく」　　make a trip on a stone
などである。

◉ 類 似 表 現

① I **had** a **fall** from a horse.（落馬した）
② Pride will **have** a **fall**.（おごれる者は久しからず）
　▷「傲慢は転落のもと」という意のことわざ。
③ She **had** a **fall** with a crash.（彼女はバタッと倒れた）
④ The highest tree **has** the greatest **fall**.（最も高い木は倒れ方も一番すごい）
　▷「大きければ大きいほど倒れ方もひどい」（おごる平家は久しからず）

という意のことわざ。
⑤ The stock price of the firm **had** a **tumble** to an all time low.（その会社の株価は最安値を更新した）

　　＊ to an all time low：最底値

　　参考 to an all time high：最高値

◉ 関連表現

① He **took** a **tumble** on the stairs.（階段で転んだ［つまずいた］）
② She **made** a **false step** on the stairs.（彼女は階段を踏み外した）
③ Liz **took** a **false step** on the stairs.（リズは階段を踏み外した）
④ He **made** a **misstep** on the stairs.（彼は階段を踏み外した）
⑤ He tripped on a stone.（彼は石につまずいた）

　　＊ trip：つまずく，転ぶ，失敗する

⑥ Jim tripped over a banana peel.（ジムはバナナの皮で滑って転んだ）
⑦ Jack fell over a stone.（ジャックは石につまずいて転んだ）
⑧ I fell off my bicycle.（自転車から落ちた）
⑨ He tumbled down a ladder.（彼ははしごから転がり落ちた）
⑩ He slipped and fell in the mud.（彼はぬかるみに足をとられて転んだ）
⑪ Pride comes before a fall.（おごれる者は久しからず）

7　話し合う・雑談する

① We **had** a little **chat** about the game.（その試合についてちょっと雑談した）
② I **had** a little **talk** with him about it.（それについて彼と少し話をした）

③ They **had** a friendly **chatter** before the conference got underway.（会議が始まる前に二人は親しげに雑談をした）

「話し合う」,「雑談する」は, have a chat, have a talk, have a chatterが, 日常会話ではよく使われる。形容詞をうまく使うと, ニュアンスに富んだ表現も上記の例文や下記の類似表現のように可能となる。

◉ 類 似 表 現

① They **had** a nice **chat**.（二人は話が弾んだ）
② I **had** a good **talk** with my teacher about it.（その件について, 先生とじっくり話ができた）
③ I **had** only small **talk** with her.（私は彼女と雑談をしただけだ）
④ I **had** a heart-to-heart **talk** with him.（彼と心ゆくまで話し合った）

◉ 関 連 表 現

① They **made** delightful social **chitchat**.（彼らは楽しそうに社交的なおしゃべりをした）
② They **had** idle **conversation**, while awaiting for other participants.（他の参加者を待つ間, 二人は雑談をしていた）
③ We'll **have** a **word** with them on the subject.（その件で彼らと意見交換をする予定だ）
④ We are going to **have** a **discussion** on the matter.（その件で近々打ち合わせをする予定だ）
⑤ I **had** a face-to-face **meeting** with him on the subject.（彼とその件に関してひざを交えて話し合った）
⑥ They **had** a **heart-to-heart** about the matter.（その件で二人は腹を割って話し合った）

* heart-to-heart:《名》腹を割った話し合い
⑦ I'm going to have it out with her.（彼女と徹底的に話し合うつもりだ）
* have it out with: 〜と徹底的に話し合う，決着を付ける

8　旅行する

① She **had** a good **trip** to Japan.（日本へ旅行して楽しかった）
② She will **have** a little longer **stay** there.（彼女はもう少し長くそこに滞在する予定だ）
③ She **had** a very informative **visit** to their chemical plant in Japan.（彼女は日本で彼らの化学工場を見学して大変いい勉強になった）

旅に関連した動詞，trip（旅行する），visit（訪問する，見学する），stay（滞在する）も名詞化し，基本動詞と一緒に使うことにより，ニュアンスに富んだ表現ができる。

◉ 類 似 表 現

① I **had** a day **trip** to Tokyo yesterday.（昨日東京へ日帰り旅行をした）
② Did you **have** a good **trip** here?（ここまでの旅は順調でしたか）
③ I **have** a business **trip** nearly every week.（私はほとんど毎週出張している）
④ I'll **have** another **trip** right after that.（その後すぐにまた旅に出る）
⑤ He **had** plenty of **visits** to the region in his youth.（彼は若いころよくその地方を訪ねた）
⑥ I **had** a very productive and enjoyable **visit** to Japan.（大変成果があり，しかも楽しい日本旅行をしてきた）

◉ 関連表現

① He **made** a **voyage** by boat across the Pacific Ocean.（彼は船で太平洋横断旅行をした）

② He **took** a private **tour** to Europe last year.（昨年彼はヨーロッパに自費で旅行した）

③ She was on her maiden voyage last month, she went to the South Pole.（船は先月，南極へ処女航海の旅に出た）

④ **Have** a pleasant［good, great］**trip**!（良い旅を！／行ってらっしゃい！）

⑤ **Have** a pleasant［good, great］**flight**!（良い空の旅を！／行ってらっしゃい！）

⑥ **Have** a safe **journey**!（安全なご旅行を！／行ってらっしゃい！）

⑦ **Have** a safe **journey** here!（どうぞ気を付けてお越しください）

⑧ They **made** a difficult **journey** to Dakar.（彼らはダカールへ厳しい旅をした）

⑨ We **had** a smooth **flight** to Canada.（カナダまで快適な空の旅をした）

⑩ Please **make** an additional **stay** of one or two days, if you like.（よろしければ，一日か二日，旅を延長してお泊まりください）

⑪ I'll be on a journey with my husband.（夫と旅行します）

9　笑う・泣く

① We **had** a good **laugh** last night.（昨晩は大いに笑った）

② She **had** a good **cry**.（彼女は声を出して思いきり泣いた）

③ She **had** a helpless **weep** yesterday.（昨日，彼女は止めどもなくむせび泣きをしていた）

「笑う」は,
- laugh（声を出して笑う, あざける）
- smile（声を立てずに笑う, 微笑する）
- chuckle（含み笑いをする）
- giggle（忍び笑いをする, クスクス笑う）

などが主な動詞で, これらはすべて名詞化され, 基本動詞とともに使うことにより簡単で幅広い表現ができる。

「泣く」は, cry（声を出して泣く）とweep（すすり泣く）がよく使われる単語で, これらを基本動詞の目的語とし, 形容詞をうまく選ぶことにより, ニュアンスに富んだ表現が可能となる。

◉ 類似表現

① I **had** a hearty **laugh** at the joke.（そのジョークに心から笑った）
② She **had** a cynical **smile** at his remark.（彼の言葉に彼女は皮肉っぽく笑った）
③ She **had** a good **weep** last night.（昨夜彼女は, いつまでもしくしくと泣いていた）
④ She **had** a little **cry** with them.（彼女はもらい泣きした）
⑤ He **had** a **chuckle** about the joke.（彼はそのジョークに含み笑いをした）

◉ 関連表現

① She **has hysterics**.（彼女は笑いこけた）
② She **gave** a little **chuckle** at his remark.（彼女は彼の話を聞いてクスッと笑った）
③ They have shed many tears[many a tear].（彼らは止めどもなく泣いた）
④ She **gave way** to tears.（こらえきれずに泣いた）

* give way: 譲歩する，（感情に）負ける

⑤ Mike gave out a loud laugh at what I said.（彼は私の発言にゲラゲラ笑った）
⑥ He often laughs through his nose.（彼はしばしば人を鼻で笑う）
⑦ Who's **getting**[**having**] the last **laugh** now?（笑っていられるのも今のうちよ）
▷「誰が最後に笑うことになるでしょうか」が原義。
⑧ I **gave** a little **giggle**.（思わず笑ってしまった）
⑨ She always carries a smile on her face.（彼女はいつもほほえみを絶やさない）
⑩ He put on a fake smile for his father.（彼は父親に作り笑いをした）

10　生活一般

① **Have** a good **wash** of your hands.（手をよく洗いなさい）
② **Have** a good **wipe** of them with a towel.（タオルで手をよく拭きなさい）
③ Then, let's **have** a **try** at it. [Let's **give** it a **try**, then.]（それから，それに挑戦してみましょう）［それから，それをやってみましょう］

　日常生活で動詞として頻繁に使われる単語，たとえば，wash（洗う），wait（待つ），start（始める），exit（終了する，退場する），fight（けんかする）なども名詞化され，haveの目的語となって，様々な日常会話表現ができる。

◉ 類 似 表 現

① He **had hiccups** during our conversation.（彼は会話中にしゃっく

[1] 動詞の名詞化

りをした）
② He **has** a good **grip** on the situation.（彼はその状況をよく把握している）
③ I **had** another **fight** with my husband.（夫とまたけんかになってしまった）
④ I **had** an extensive **search** for it.（八方手を尽くしてそれを探した）
⑤ I **had** a long **wait** to get the air ticket.（航空券を買うのに長く待たされた）
⑥ They **had** a strong **handshake**.（二人は力強く握手した）
⑦ He was the starter but he **had** an early **substitution**.（今日，彼は先発投手を務めることはできたが，早々に降板した）
⑧ She **has** a lot of **self-respect**, and is very faithful.（彼女は身の守りが堅固だ）
⑨ He **had** a **plot** to ruin the plan.（彼はその企画をつぶそうと画策した）
⑩ I couldn't **get** a **feel** for the grass.（グリーンの芝目が読めなかった）
⑪ They **had** a deep **mistrust** of their government.（彼らは政府に根深い不信感があった）

◉ 関連表現

① Mike **gave** a big **yawn** in my face.（マイクは私の目の前で大きなあくびをした）
② He **gave** a series of big **yawns**.（彼は立て続けに大きなあくびをした）
③ She **gave** a despairing **groan**.（彼女は絶望のうめき声を上げた）
④ He **took** a firm **grip** of my hand.（彼は私の手を強く握った）
⑤ Try to **get** a **grip** on yourself.（落ち着きなさい／自制しなさい）
⑥ Don't let your guard down.（油断するな！）
⑦ They **made** a good **start** of the new business.（彼らは幸先のよい開業をした）
⑧ Please **give** it a good **wipe**.（それを丁寧に拭いてください）

[2] 病気を表す表現

❖病名や病気の症状を英語で表現する場合，基本動詞 have が大変重要な役割を果たす。したがって困ったら，まず have を思い出し，ここで取り上げた例文を参考にしつつ活用していただきたい。将来，海外旅行，海外駐在等の際に生きてくること請け合い。

1　風邪を引く

① He **has** a bad **cold**. (彼はひどい風邪を引いている)
② I **have** a **cold** in the nose. (鼻風邪を引いている)
③ He **has** a bad **cough**. (彼はせきがひどい)

身体に不調（trouble）があったり，痛み（pain）がある場合や，何か病気（disease）を患っているときには，have を使って症状や病名が表現でき大変便利である。

たとえば，「私は冷え性です。血液循環が良くないのでしょうね」と言いたい場合は，ネイティブ・スピーカーは have の助けを借りて次のように表現する。

● "I have a cold constitution. I'm afraid I must have a poor blood circulation."

　　* constitution: 体質，体付き
　　* blood circulation: 血液循環

ちなみに，「鼻風邪を引いている」は上の例のほかに head や nose を形容詞として使って，

- I have a head cold.
- I've got a nose cold.
- I have a cold in the head.

と言うこともできる。

● 類 似 表 現

① She **has** a perpetual **cold**.（彼女はしょっちゅう風邪を引いている）
　＊ perpetual: 絶え間ない，途切れない
② He **has** a sore **throat** from a cold.（彼は風邪でのどが痛い）
③ I **had** a sneezing **fit**. = I **had** a **fit** of sneezing.（くしゃみが止まらなかった）
　＊ fit: 発作，ひきつけ
④ He **has** a **tendency** to catch colds. = He has a tendency for getting colds.（彼は風邪を引きやすい）
　＊ have a tendency to [for]: 〜の傾向がある
⑤ I **have** a stuffy **nose**.（鼻が詰まっている）
⑥ I **have** a blocked **nose**.（鼻が詰まっている）
⑦ He **has** a running **nose**.（この子は鼻が出ているわね）
　▷ running nose の代わりに runny nose も普通に使われている。
　　Your nose is running.（鼻が出ているわよ）
　　I have a runny nose.（鼻がでる）
⑧ I **had** a **vaccination** against influenza.（インフルエンザの予防接種を受けた）
⑨ I **have** a small amount of **phlegm**.（少量の痰が出る）
　＊ phlegm: 痰，つば
⑩ I **had** a dry **cough** last night.（昨晩空せきが出た）
　▷ I have a cough.（せきがでる）
　　I have a chesty cough.（空せきがでる）ともいう。

⑪ She **had** a sudden **bout** of coughing.（彼女は突然せき込んだ）
　＊ bout: 病気の発作
　参考 bout of vomiting（吐き気），bout of hiccups（しゃっくりの発作）
⑫ I **have** a chest **cold**.（私は風邪でせきが出る）
　＊ chest cold: せき風邪（= cold on the chest）

● 関 連 表 現

① I've got over my cold.（風邪は治りました）
② I **made** my cold worse.（風邪をこじらせた）
③ I feel like I'm **getting** a cold.（風邪を引きかけているようだ）
④ I think I'm **getting** a fresh **cold**.（風邪を引き直したようだ）
⑤ Don't **give** me your bad **cold**.（君のしつこい風邪をうつさないでね）
⑥ She is in bed with a touch of flu.（彼女は風邪気味で寝ている）
⑦ I **took medicine** for a cold.（= I **took** cold **medicine**.）（風邪薬を飲んだ）
⑧ I think I've picked up a cold.（風邪をどこかでもらったようだ）
⑨ I **got** a **cold** from my grand son.（孫から風邪をうつされた）
⑩ I can't get rid of the cold.（風邪が治らない）

2　苦痛・痛み

① **I have a backache**.（背中［腰］が痛い）
② **I have a bad toothache**.（歯がひどく痛む）
③ **I have a bad headache**.（頭がひどく痛い）

「〜が痛い」は，上の例のようにhaveの目的語に「身体部位＋

ache」の形の名詞を用いて表す。

また，次の例のように，have a pain に続けて副詞句で部位を示すこともできる。

● I **have** a **pain** in the back.（背中が痛い）
● I **have** a bad **pain** in the tooth.（歯が痛い）
● I **have** a bad **pain** in the head.（頭が痛い）

両方の言い方を覚えておくようにしたい。

◉ 類 似 表 現

① I **have** a piercing[pounding] **headache**.（頭がきりきり痛む）
　＊ piercing: 突き刺すような，鋭い
　＊ pounding: 叩くような，激しい
② I **have aches and pains**.（体のあちこちが痛い）
　＊ aches and pains: 体のあちこちの痛み
③ She **has** a **pain** in her eye.（彼女は目に痛みを感じている）
　▷ ache は発音の関係で「痛い身体部位」と「ache」を離して書く場合もある。次の数例も同様である。
④ I **had joints aches** this morning.（今朝体の節々が痛んだ）
　＊ joints: 関節
⑤ I **had** a **muscle ache** in my left leg.（左足に筋肉痛を感じた）
⑥ I **have** a **stomachache**.（腹痛がする）
⑦ She **has** an **ache** on her right side.（彼女は右脇腹に痛みを感じている）
⑧ I **have** a mild dull **ache** in the center of my chest.（胸の中心部に軽い鈍痛がする）
⑨ I **have** an **ache** in my right arm.（右腕に痛みがある）
⑩ He **had** a sudden **attack** of severe **pain**.（彼は突然激痛に襲われた）
　＊ attack: 発作，発病

● 関 連 表 現

① Bill is nothing but a pain in the neck.（ビルは今や厄介者以外の何者でもない）
② No pain, no gain.（蒔かぬ種は生えぬ）
③ My head aches when I think about work.（仕事のことを考えると頭が痛くなる）

3　お腹の調子

① I **have** a stomach **disorder**.（私は胃の調子が悪い）
② I seem to **have** a digestive **trouble**.（私は消化不良を起こしているようだ）
③ He **has** a stomach **upset**.（彼は胃の調子が悪い）

ここでは体の部分，特に胃の「不調」，「異常」，「障害」や「けいれん」を表す言葉を整理しておこう。

次の病気や症状を表す言葉は日常会話でよく使われるので，是非覚えておきたい。

- disorder　「疾患，不調，障害」
    * disorder of balance: 平衡障害
    * disorder of sensation: 感覚障害
- trouble　「不調，異常」
- upset　「胃のもたれ，胸焼け，吐き気」
- convulsion　「胃けいれん」（= stomach cramp）

また，「胃の障害，不調」を表すものに次のような語句がある。
- stomach ailment　「胃腸障害」

- stomach discomfort 「胃の不快感」
- stomach distress 「胃の苦痛感」
- stomach irritation 「胃炎」
- bloated stomach 「胃重感」
- stomach cramp 「胃けいれん」
- stomach complaint 「胃の不快感」

◉ 類似表現

① I **have** a bad **stomach** today.（今日は胃の調子が悪い）
② She **has** a sensitive **stomach**.（彼女は胃が弱い）
③ He **has** a stomach **convulsion**.（彼は胃けいれんを起こしている）
④ He went to the bathroom often since he **had diarrhea**.（彼は下痢をしていたので，しばしばトイレに行った）
　　＊ have diarrhea: 下痢をする
⑤ My brother **has diarrhea**.（弟は下痢をしている）
　　▷「下痢をしている」には次のような表現もある。
　　　・He **has** loose **bowels**.（彼は下痢をしている）
　　　・I **have** the **runs**.（下痢をしております）
⑥ She **has** a stomach **complaint**.（彼女は胃の調子が悪い）
⑦ He **has** an upset **stomach**.（彼は胃がもたれている）

◉ 関連表現

① I've **got** no **stomach** for that kind of movie.（その種の映画は私の好みではない）
② I **have** no **stomach** to go out for a walk.（散歩する気持ちになれない）
　　▷stomach: 好み，気分，気持ち。お腹の調子がよくないと「好み」，「趣向」，「気分」にも影響を与えるためか，stomachを使ったこの種の成句は多い。

③ My stomach often **gives** me **trouble**.（私はよくお腹をこわす）
④ My stomach is complaining.（腹の虫が鳴いている）
⑤ That would turn my stomach.（それを食べると気持ちが悪くなるんです）
⑥ She feels sick to her stomach.（彼女は吐き気がする）

4　～が凝る

① I **have** a stiff **neck**.（首が凝っている）
② I **have** a stiff **shoulder**.（肩が凝っている）
③ I **have** a stiff **back**.（背中／腰が凝っている）

「～が凝る」は上記のように，形容詞stiffを使って表現するが，下のようにstiffの名詞形を使っても表現できる。
- I **have stiffness** in my neck.（首が凝っている）
- I **have stiffness** in my shoulder.（肩が凝っている）
- I **have stiffness** in my back.（背中／腰が凝っている）

これらに似た表現として，下の表現も覚えておきたい。
- I feel ill at ease in my neck.（首が凝っている）
- I feel uncomfortable in my shoulders.（肩が凝っている）
- I feel stiff in the[my] shoulders.（肩が凝っている）

● 類 似 表 現

① I **have** a very bad stiff **neck**.（私は首の凝りがひどい）
② I **have** a chronic bad **shoulder**.（私は慢性的に肩の凝りがひどい）
③ I **have knots** all over the place.（身体中の筋肉が凝っている）

＊knot: 肩などの凝り，筋肉のこわばり

◉ 関連表現

① I **had** a **massage** to work out the stiffness.（凝りを和らげるため揉んでもらった）
② Please **give** me a **massage** to ease the stiffness in my shoulders.（肩の凝りを和らげるために，マッサージをしてもらえませんか？）
③ I'll **give** you a shoulder **massage**.（肩をマッサージしてあげよう）
④ My shoulders are stiff.（肩が凝っている）
⑤ My neck gets stiff.（首が凝っている）

5 血圧が高い

① I **have** a normal blood **pressure**.（私の血圧は正常です）
② I **have** bad blood **circulation**.（私は血の巡りが悪い）
③ I **had** a **bruise**.（私はあざができた）

ここでは血液循環，血圧，それに伴う心臓病などの表現を見てみたい。

「血圧が正常だ［高い，低い］」は

　　have a normal[high, low] blood pressure

と言う。

また，「私の血圧は上が120，下が70だ」は，普通，次のように言う。

　　"My blood pressure is 120 over 70."

「心臓病」は，比較的軽いものは heart complaint，一般的には heart disease という。「心臓発作」は heart attack。

さらに具体的な病名に関しては，

● 「心筋梗塞」……heart infarction, cardiac infarction, coronary infarction
● 「脳梗塞」……brain infarction, cerebral infarction

などは覚えておきたい。

◉ 類 似 表 現

① I **had** a subcutaneous **hemorrhage**.（私は皮下出血した）
   * have a hemorrhage: 出血する
   * subcutaneous: 皮下の，皮下に関する
② My father **had a stroke**.（父は卒中で倒れた）
③ I **have** a heart **complaint**.（私は心臓病を患っている）
④ I **have** a heart **disease**.（私は心臓病を患っている）
⑤ He **had** a nonfatal heart **attack**.（致命的ではなかったが，彼は心臓発作を起こした）
⑥ I **have** a fast **pulse rate**.（私は脈拍が速い）
⑦ He **has** a very high blood **pressure**.（彼は非常に血圧が高い）
⑧ I **have** a low blood **pressure**.（私は血圧が低い）

◉ 関 連 表 現

① He is bleeding heavily.（彼はひどく出血している）
② She keeps bleeding profusely.（彼女はひどく出血が続いている。）
③ Let me check your pulse.（脈拍を測りましょう）
   You **have** a normal **pulse**.（脈拍は正常です）
④ Let me **have** a **check** of your blood pressure.（血圧を測りましょう）
   You **have** an extremely good blood **pressure** for your age.（あなたのお年では大変いい血圧ですね）

6 皮膚の病気

> ① I **have** a persistent **skin trouble**.（私は皮膚病が絶えない）
> ② I **have** a **rash** all over my body.（私は体中に発疹ができている）
> ③ My son has **had hives breakout** on his face.（息子は顔にじんましんができている）

「皮膚病」は日常会話ではskin disease, ないしはskin troubleと言う。具体的な病名が分かっていれば，

  rash（発疹）   pimple（にきび）
  eczema（湿疹）   mole（ほくろ）
  hives（じんましん） beauty spot（ほくろ）
  breakout（吹き出物） blister（まめ）

などをhaveの目的語にすれば，簡単に病気や病状が表現できる。

◉ 類 似 表 現

① He **has** a **blister** on his right foot.（彼の右足にまめができた）
 ＊blister: まめ，水膨れ
② She **has** a **skin irritation**.（彼女は皮膚がかぶれている）
③ She **has** a large **mole** beneath her right eye.（彼女は右目の下に大きなほくろがある）
 ＊mole: ほくろ，あざ
④ He **has** atopic **eczema**.（彼はアトピー性湿疹を患っている）
 ＊atopic: アトピー性の
 ＊eczema: 湿疹
⑤ Jim **has** a lot of **pimples**.（ジムはにきびが一杯できている）
⑥ Mike **has hives**.（マイクはじんましんが出た）
⑦ I think I **have** a **skin disease**.（皮膚病に罹っているようです）

◉ 関連表現

① I **got goose pimples** when I saw him **make** a beautiful **catch**.（彼がファインプレーをするのを見て鳥肌が立った）
② That **gave** me **goose pimples**.（そのせいで鳥肌が立った）
　＊ goose pimples:（ぞっとして，寒さで）鳥肌が立つ。have goose flesh とも。
③ You look under the weather.（君は具合が悪そうだ）
　＊ under the weather: 調子が悪い，具合が悪い
④ He is breaking out in hives.（彼はじんましんが出た）
⑤ This will calm the skin irritation.（これを使えば皮膚のかぶれが和らぐでしょう）
⑥ Don't pick at your pimples.（にきびをつぶすな）

7　耳・鼻・のどの病気

① He **has** a terribly loud **snore**.（彼はすごいいびきをかく）
② I **have** a **ringing**[**buzzing**] in my ear.（耳鳴りがする）
③ I **have** a slight **sore throat**.（のどがちょっと痛い）

　耳鼻咽喉関係の病気や症状に関しては，日常会話でよく出てくる次の表現を覚えておいてほしい。

- 「いびきをかく」……have a snore
- 「耳鳴りがする」……have a noise in *one's* ear
- 「のどが痛い」……have a sore throat
- 「めまいがする」……have a sensation of dizziness[giddiness]
- 「鼻血が出る」……have a nosebleed
- 「くしゃみが出る」……have a sneeze

◉ 類似表現

① My mother **had** a hearing **problem**.（母は聴覚障害があった）
② She **had** a hearing **defect**.（彼女は聴覚障害があった）
③ I **have** a **sensation of dizziness** from time to time.（私は時々めまいがする）
④ My wife **has** a **sensation of giddiness** quite often.（妻はしばしばめまいを感じる）
⑤ I **have** a **ringing** in my ears.（私は耳鳴りがする）
⑥ I **have** a **singing** in my ears.（私は耳鳴りがする）
⑦ He **has** a throat **cancer** in an early stage of development.（彼は早期咽頭癌だ）
⑧ I **have** a fit of **sneezing**.（発作的にくしゃみが出る）

◉ 関連表現

① I **had** a thorough **examination** of the ear, nose, and throat yesterday.（昨日，耳鼻咽喉の精密検査を受けた）
② The inside of my nose feels itchy.（鼻がむずむずする）
③ I **have** no **nose** for it.（まったく鼻が利かない）
④ I **have** a blocked **nose**.（鼻が詰まっている）
⑤ He **gave** a **sneeze**.（彼はくしゃみをした）
　▷この意味では通常giveを使う。
⑥ The back of my throat itches.（喉がいがらっぽい）
⑦ My nose often bleeds these days.（最近よく鼻血が出る）
⑧ He cleared his throat for attention.（注意を引くために彼はせき払いをした）

8　筋肉の痛み・骨折

① He **has** a sprained **ankle**.（彼は足を捻挫している）
② He **has a strained** lower back.（彼はぎっくり腰になった）
③ He **had a fractured hip**.（彼は腰を骨折した）

　筋肉の痛み（pain, soreness）や腫れ（swelling）に関連しては，sprain（捻挫，筋違い），strain（筋違い），crick（筋違い），pulled muscle（肉離れ）を，骨折（fracture）については，bone fracture, broken boneを覚えておこう。

　筋肉の凝りは既に見たように，stiffness, knotがある。

　すべてhaveと一緒に使われ，ひどさの度合いは形容詞で表される。ここでは過去分詞の使い方にも注意しておきたい。

◉ 類 似 表 現

① I **have** a sprained **finger**.（私は突き指をしている）
② I **have** a sprained **neck**.（私は寝違いをした／首筋を違えた）
③ He **has** a **limp** from yesterday.（彼は昨日から足を引きずって歩いている）

　参考 He walks with a limp.（彼は足を引きずって歩いている）

④ Matsui **had soreness** and **swelling** in his knee.（松井は膝に痛みがあり，腫れがあった）
⑤ I **had a strain** while playing tennis.（テニスのプレー中に筋を違えた）
⑥ I **have** a **crick** in my back.（私はぎっくり腰になった）
⑦ I **have** a **crick** in my neck.（寝違えた／首筋を違えた）
⑧ He **had** a minor **fracture of the ribs**.（彼は肋骨に軽度のひびが入った）
⑨ I **have** a sore **knee**.（僕は片方の膝が痛い）

⑩ He **has** a **bruise** on his left leg.（彼は左足に打ち身がある）
   * bruise: 打ち身，打撲傷

◉ 関連表現

① I think I have sprained my ankle.（足首を捻挫したらしい）
② I think I twisted my foot.（足をひねったようです）
③ I think I have broken my arm.（腕を骨折したようです）
④ I got a cramp in my leg and couldn't walk.（脚がつって歩けなかった）
   * cramp: けいれん，ひきつけ
⑤ I have dislocated my shoulder.（肩を脱臼した）
⑥ I have pulled a muscle in my leg.（足の肉離れを起こした）

9　病気一般(1)

① He **has** a pollen **allergy**.（彼は花粉症がある）
② I **have** a slight **fever**.（微熱がある）
③ She **had** an easy **delivery**.（彼女は安産だった）

病気に関してよく使うそのほかの表現をまとめておこう。

❖アレルギー

「彼女はアレルギー体質だ」は，

　　She **has** an **allergy**.

でよい。花粉症の場合は，

　　She **has** an **allergy** to pollens.

とも言う。同様に「彼女は牛乳アレルギーだ」は，

　　She **has** an **allergy** to milk.

「私は薬物に対するアレルギーがある」は，

   I **have** an **allergy** to the medication.

❖熱

「微熱がある」は，have a slight fever と have a slight temperature が同様に使われる。

一方「熱がある」は，have a fever, have a temperature が使われる。特に高い熱を強調したい場合は，

   I **have** a high **fever**（with a chill）.

あるいは，

   I **have** a high **temperature**（with a chill）.（私は（悪寒を伴う）高熱がある）

などと言えばよい。

❖出産

「出産する」は，have a delivery と言う。この構文では「安産」や「難産」も類似表現で示したように，形容詞を使って簡単に表現できる。

❖病気の予後

「病気の予後」は，have の目的語に prognosis（予後）を使って，下の例文のように表される。

◉ 類似表現

① I **have** a slight **temperature**.（微熱がある）
② She **had** a very difficult **delivery**.（彼女は大変な難産だった）
③ She **has** a Vitamin C **deficiency**.（彼女はビタミンCが不足している）
④ He **had** a bad **prognosis**.（彼は病気の予後がよくなかった）
⑤ He **has** a weak **bladder**.（彼はトイレが近い）
   ＊bladder: 膀胱
⑥ He **has trouble** with his eyesight.（彼は視力に障害がある）
⑦ She **has** a **sty** on her eye.（彼女は目に物もらいができている）

*sty: 物もらい
⑧ She **has** a weak [delicate]**constitution**. (彼女は病弱体質だ)

10　病気一般(2)

> ① He **has** a bad **stammer**. (彼はひどくどもる)
> ② He **has** a bad **breath**. (彼は息がくさい)
> ③ I've been **having** a bad **night's sleep** these days. (このところ夜よく眠れない)

「どもる」は，have a stammerで，「少しどもる傾向がある」は，
　　have a slight stammer
で表現できる。
「昨晩は熟睡できましたか？」は，
　　Did you **have** a good **sleep** last night?
で，形容詞は程度を示すgoodで十分である。
「～に障害がある」は，have a problem with ...で一般的に表現でき，便利である。
「神経が衰弱している，ノイローゼである」は，have a nervous breakdownやhave a mental breakdownが近い。
「病気の発作」には，attackやfitが日常会話ではよく使われる。
「手の震え，身震い」は，tremorが適切。「手足のしびれ」はnumbnessで，すべてhaveの目的語として使われ，構文は簡単かつ明瞭である。

◉ 類 似 表 現

① He **has** a **problem** with his brain. (彼は脳に障害を抱えている)

② He is **having** a nervous[mental] **breakdown**.（彼は精神的にまいっている）
③ She **has** a touch of **depression**.（彼女は軽度のうつ病にかかっている）
　＊a touch of: 軽度の，軽い
④ He **had** a coronary **attack** last night.（彼は昨晩心臓発作を起こした）
　＊coronary: 冠状動脈の，心臓の
　＊coronary attack: 心臓発作
⑤ She **had** a severe attack of **bronchitis**.（彼女は気管支炎の激しい発作を起こした）
　＊bronchitis: 気管支炎
⑥ I **had numbness** in the right thumb.（私は右足の親指に痺れを感じた）
⑦ Anne **has** a **tremor** in her right hand.（アンは右手に震えがある）
⑧ Jim **had** an **attack** of nerves.（ジムはヒステリーの発作を起こした）
⑨ He **had** a **loss** of consciousness while taking a bath.（風呂に入っている最中，彼は意識を失った）
⑩ This information is very helpful to people who **have diabetes**.（この情報は糖尿病患者にとても有用だ）
　＊diabetes: 糖尿病
⑪ Does he **have** any external **injuries**?（彼は外傷を負っていますか）

[3] 名詞構文の活用

❖英語は，日本語に較べ，そもそも名詞を多用する言語である。ここでは前章と異なり「本来の名詞」を基本動詞haveの目的語とした「名詞構文」をまとめて取り上げた。その画一性，単純性，そして利便性ゆえに，名詞を中心とした「名詞構文」は，さらに進化，発展していくものと考えられる。

1 理解する・知識がある

① He **has** a very good **knowledge** of French history. (彼はフランスの歴史に大変詳しい)
② She **has** a poor **understanding** of the issue. (彼女はその問題をほとんど理解していない)
③ They **have** only a weak **perception** of domestic violence. (彼らは家庭内暴力に関する理解に乏しい)

「知っている」を動詞のknowではなく，名詞構文のhave a knowledgeを使うことにより，例文で挙げたように表現の幅を大きく広げることができる。この場合，形容詞が重要な働きをすることになるが，時制や人称変化をhaveに任せ，肯定も否定も同じ文型で自由に表せて大変便利である。

「理解している」も動詞のunderstandではなく，名詞構文のhave an understandingを使って，また，「気づく，悟る，感知する」も動詞のperceiveではなく，名詞構文のhave a perceptionを使って言うことにより，微妙なニュアンスが出せる。英語をやさしくし，表現幅

を広めるために大いに活用したい。

◉ 類 似 表 現

① Mike **has** a basic **knowledge** of the Japanese Constitution.（マイクは日本の憲法について，基本的なことは知っている）

② He **has** only a shallow **knowledge** of the issue.（彼はその問題に関して，ごく表面的なことしか分かっていない）

③ He **has** an inside **knowledge** of the industry.（彼はその業界の内部事情に明るい）

④ Now I'**ve got** a better **understanding** of the issue.（今では私はその問題の理解が深まった）

⑤ We need to **have** a clear **understanding** of the target.（定められた目標をはっきり認識しておくことが肝要だ）

⑥ He **has** a poor **understanding** of the current situation in the Middle East.（中近東の現状について，彼はほとんど知らない）

⑦ I **have** a new **understanding** of their power.（私は彼らの力を再認識した）

⑧ They **have** only a weak **perception** of the times.（彼らは時代認識が薄い）

⑨ They **have** a poor **perception** of history.（彼らは歴史認識に欠ける）

⑩ I don't **have** a **clue**（as to）what's going on.（何が起こっているのか見当もつかない）

　＊have a clue: 分かる，手掛かりがある

⑪ I **have** a complete **recollection** of the incident.（その事件をよく覚えている）

⑫ I **have** a clear **picture** of the incident.（その事件については，今もはっきり覚えている）

● 関連表現

① It's common knowledge. (それは常識だよ)
② They've **got** more **understanding** of the religion. (彼らはその宗教に対する理解を深めた)
③ She **gave** me a better **understanding** of my situation. (彼女は私の状況に関しより良い理解を示してくれた)
④ They **gave** us their **understanding** and financial support. (彼らは我々に理解を示し,財政支援をしてくれた)
⑤ Let me **give** you a **clue**. (ヒントをあげよう)
⑥ It **gave** us an initial **clue**. (それにより最初の手掛かりを得た)
⑦ We haven't **got** a **clue**. (まだ手掛かりをつかんでいない)
⑧ I **have** a full **picture** of the project. (私はその企画の全容をよく知っている)

2 愛着と嫌悪

① He **has** a deep **affection** for his family. (彼は家族を心から愛している)
② She **has** an **attachment** to that ring. (彼女はその指輪に愛着を感じている)
③ They **have** a deep-rooted **hatred** for each other. (彼らはお互いに根深い憎しみを抱いている)

「愛着」と「嫌悪」を表す主な単語を挙げると次の通り。
affectionは,主として「生き物への愛情,好意,優しい気持ち」を表し,loveにまでは至らないが,like (liking) より強い好意を意味する。

attachmentは主として「物や制度等への愛着」を意味する。

一方,hatredは「強い嫌悪,毛嫌い」を,detestationは「嫌悪,大嫌い」を意味する。

aversionとhateはほぼ同じで「嫌悪,憎悪」を意味する。

例文を参照し,「愛着と憎悪」の気持ちを名詞構文でも表現できるようにしたい。

◉ 類似表現

① He **has** a deep **love** of music.（彼は音楽が大好きだ）

② I **have** a **hate** of anything crooked.（曲がったことが大嫌いだ）

③ Ed **has** a great **liking** for things Japanese.（エドは日本的なものが大好きだ）

④ I **have** an instinctive **aversion** to spiders.（私はクモが大嫌いだ）

⑤ He **has** a profound **aversion** to this place.（彼はここが大嫌いだ）

⑥ I **have** a **detestation** of that type of music.（私はああいった音楽が大嫌いだ）

⑦ Bill **has** a long-held **hatred** for his uncle.（ビルは伯父に積年の恨みを抱いている）

⑧ He **has** a lingering **affection** for her.（彼は彼女にまだ未練がある）

⑨ I **have** a deep **attachment** to this old house.（この古い家に強い愛着がある）

⑩ Liz **has** a **soft spot** for small cats.（リズは子猫が大好きだ）

 * have a soft spot [place]for: 大好きである,〜に弱い,かわいがる,溺愛する

⑪ He **has** a **soft spot** in his heart for women.（彼は女性に甘い）

⑫ They **have** a **preference** for a detached house.（あの人たちは一戸建てを好む）

⑬ She **has** a particular **fondness** of Japanese gardens.（彼女は日本

の庭園が特に気に入っている）

⑭ She **has** a **crush** on her music teacher.（彼女は音楽の先生に片思いをしている）

 * crush: 片思い，一時的な心のときめき

● 関連表現

① Love it or hate it, you should see the film.（気に入るかどうかは別として［好きか嫌いかは別として］，あの映画は見るべきだ）
② I hate to say this but you should **give** a little more **attention** to what you say.（こんなこと言いたくないけれど，君は言葉にもうちょっと注意した方がいいよ）
③ He **has** an extreme **detestation** of politics.（あの人は政治を極端に嫌う）
④ He **took** a strong **aversion** to the food since then.（それ以来，彼はその食べ物が大嫌いになった）
⑤ I'm obsessed with self-hatred.（私はいま自己嫌悪に陥っている）
⑥ She **gave** me a **stare** of deep-seated hatred.（彼女は今や抜き難い憎しみの眼差しで私を睨みつけた）
⑦ My grand mother **had** a deep **affection** for me.
= I **got** a lot of **love** from my grand mother.（おばあちゃんに大切にしてもらった）

3　目的がある・目標を持つ

① Liz **has** a clear **purpose** of her visit here.（リズがここを訪ねてきたのには明らかな目的があった）

② Bill **has** a definite **goal** to achieve.（ビルは自分の達成すべきはっきりした目標を持っている）
③ He **has** a clear **objective** to achieve in this school.（彼にはこの学校でやりたいはっきりした目標がある）

「目的，目標」を意味し，最も普通に使われる単語は，
- purpose……目的，意向，狙い，趣旨
- objective……目的，目標，方針
- goal……（努力や苦労して達成する）目標，目的
- object……（期待や願望の度合いが高い）目的，目的物
- aim……目標，目的，的，狙い
- target……目的，目的物，目標，的，狙い，対象

などがあり，例文のようにhaveの目的語にして形容詞をうまく選ぶことにより，ニュアンスに富んだ表現ができる。

● 類 似 表 現

① She **has** a clear **goal** to lose weight.（減量のしっかりした目標を彼女は持っている）
② We **have** a clear educational **purpose**.（はっきりした教育上の目的がある）
③ This quick test **has** an important **objective**.（この小テストは重要な目的がある）
④ They **have** a very high **aim** for their education levels.（あの人たちは教育に関して高い目標を掲げている）
⑤ We **have** the common **aim** of eradicating terrorism.（我々はテロの撲滅を共通の目的としている）
⑥ I **have** my life **goals** in sight right now.（いま人生の目標がはっきり見えてきた）

> * have *something* in sight: 視野に入っている，はっきり見えている

⑦ He **has** an **objective** in view.（彼は一つの目的をしっかり見据えている）

> * have ... in view: 眼の届くところに置く，しっかり見据える

◉ 関連表現

① That's what it's all about.（つまるところ，それが本当の目的だ／それがすべてだ）
② That's what I'm here for.（そのために私はここにいる／それが私の目的だ）
③ What did you do that for?（何の目的でそんなことをしたのですか）
④ It remains a distant goal.（まだまだ遠い目標だ）
⑤ It **makes** a realistic **target**.（それは現実的な目標だ）

4　影響がある

① It **had** a depressing **effect** on us.（それのため，みんな気が滅入った）
② This bill is going to **have** a good environmental **impact**.（この法案により，環境にいい影響が出るだろう）
③ That would **have** a severe **impact** on the local economy.（それは地方の経済に厳しい影響を及ぼすことになろう）

「厳しい影響を及ぼす」や「いい影響が出る」など「影響」に関連した表現は日常会話でよく使われる。これらは「have＋影響を表す名詞」の構文に形容詞をうまく使うことにより，簡単に表現できる。

❖「影響」を意味する名詞

- effect……影響, 結果, 効果, 作用
- consequence……結果, 結末, 因果関係
- influence……影響, 感化, 作用, 影響力
- impact……影響, 反響, 効果
- implication……推測される結果, 意味合い, 影響
- repercussion……反響, 悪い影響, 余波
- bearing……影響, 関連
- affection……影響, 疾患, 性向

◎ 類似表現

① That would **have** a different **effect** on us.（そうなれば我々への影響は違ったものになるだろう）

② It would **have** a direct **effect** on the overall food supply.（そうなると食糧供給全般に直接的影響が出てこよう）

③ This medicine **has** a dramatic **effect** on the nervous system.（この薬は神経組織に特効薬的効き目がある）

④ It **had** a demoralizing **effect** on the students.（それにより生徒はやる気を失くしてしまった）

⑤ That would **have** a favorable **effect** on public opinion.（そうなれば世論にいい影響を与えよう）

⑥ That would **have** broader **implications**.（そうなれば, もっと大きな影響が出てくるだろう）

▷この意味ではimplicationは, 複数形で使われることが多い。

⑦ That would **have** a direct **bearing** on the efficiency of the machine.（そうすれば機械の効率に直接関係が出る）

⑧ This **has** a **lot** to do with that.（これはあれと大いに関係がある）

⑨ It will **have** a serious **impact** on your health.（それは君の健康状

態に重大な影響を及ぼすことになろう)

⑩ It may **have** an important **effect** on international politics.（それは国際政治に重大な影響を与える可能性がある）

⑪ That will **have** serious political **repercussions**.（それにより政治的影響は大きいでしょう）

▷この意味ではrepercussionは、複数形で使われることが多い。

（注記） 上記例文の中に，That would, It wouldなど主語の内容を特定しない仮定法を多く使っているが，これはできるだけ文章を単純化し，読者が簡単に暗記できるように配慮したもの。

上に出てくるthatやitは「その法律が実施されれば」とか「その部分が改良されれば」などと想像しながら読んでほしい。このような表現が，実際の会話には多く交わされている。

◉ 関連表現

① We have to increase the total amount to **get** the desired **effect**.（望ましい効果を達成するには，金額をさらに増やす必要がある）

② Let's try to **give** them a positive **reaction**.（彼らにいい結果をもたらすよう努力しよう）

③ His illness **gave** him some **influence** on his decision to step down from the stage.（舞台を降りる彼の決意には，病気の影響もあった）

⑤ What do you see as the long term health implications of this bill?（この法律が健康に及ぼす長期的影響を如何考えられますか？）

⑥ That would **make** little **impact** on Japan.（それは日本にはほとんど影響ないでしょう）

⑥ I can't **get** my **bearings**.（自分の位置［方向］が分からない）
　　＊ bearings: 相対的位置，方向

5 把握する

① He **has** a clear **idea** of the issue.（彼はその件をよく知っている）
② She **has** a detailed **picture** of the issue.（彼女はその件の詳細を把握している）
③ He **has** a well-defined **notion** of his future.（彼は自分の将来に関してはっきりとした考え方を持っている）

「把握している」の英訳には文脈によりいろいろな表現がある。次の表現は自由に活用できるようにしたい。
- have a clear idea of
- have a clear picture of
- have a clear notion of
- have a firm grasp of
- have a handle on

それぞれ形容詞がつくことにより「把握度」が表されることになる。

◉ 類 似 表 現

① She **has** a different **idea** about the issue.（彼女はその問題に関し別の見方をしている）
② I **have** a firm **grasp** of my responsibilities here.（私はここでの自分の責務をはっきり心得ている）
③ We now **have** a **handle** on the up-to-date situation there.（そこの最近の状況を把握している）
　　＊ have a handle on: 把握する，理解する，手掛かりを摑む
④ This child **has** a clear **notion** of right and wrong.（この子は善悪の判断がつく）
⑤ Bill **has** a clear **vision** for his future.（ビルは自分の将来像をはっき

り持っている）
⑥ I **have** the **information** at my finger tips.（その情報は完全に掌握している）

　　＊ have *something* at *one's* finger tips: 完全に把握している
⑦ I **have** my **finger** on the pulse of their situation.（彼らの実情を正確に把握している）

　　＊ have *one's* finger on the pulse of: 実情［実態］を正確に把握している

◉ 関連表現

① You **have** no **grasp** of its cause and effect.（君はその原因と結果を把握していない）
② Everybody was out of touch with what's going on there.（そこで実際に起こっていることを誰も把握していなかった）
③ They keep track of the exact numbers.（彼らは正確な数字を把握してきている）

　　＊ keep track of: 経過を追う，把握する
④ They could put the whole picture together.（彼らは全容を把握できた）
⑤ I will try to assess the situation as a whole.（大局的に情勢を分析するよう心掛けるつもりだ）

　　＊ as a whole: 全体的に，全体として
⑥ He knows the market inside out.（彼はマーケットに精通している）

　　＊ inside out: 徹底的に，完全に（副詞句）
⑦ I think I'm **getting** a **handle** on the situation.（その状況が分かってきたようだ）

6　意見・見解が異なる

① I **have** a different **opinion** about it.（私はそれに関して意見が異なる）
② He **has** a different **view** about it.（彼はそれに関する考え方が違う）
③ She **has** a different **perspective** on it.（彼女はそれに関して異なる見方をしている）

「見解，観点，見方，考え方」には状況や背景によりいろいろな英訳が可能となるが，多く使われる単語としては，

opinion	take
view	cut
idea	way of thinking
perspective	point of view
outlook	reading

などがある。それぞれhaveの目的語となり，形容詞の使い方により幅広い表現ができる。ここでは，「意見や見解が異なる」例を中心に取り上げてみた。

● 類 似 表 現

① Bill seems to **have** a different **cut**.（ビルはちょっと違った捉え方をしているようだ）
　　＊have a different cut: 違った捉え方［見方，考え方］をしている
② Jim **has** apparently a different **take** on the issue.（ジムはその件に関して別の見方をしているようだ）
　　＊take: 見解，見方，解釈
③ Mike **has** a positive **outlook** on life.（マイクは前向きな人生観を持っている）

* outlook on life: 人生観

④ Bill **has** a different **way of thinking** about the issue.（ビルはその件に関して別の考え方をしている）

⑤ We **have** identical **views** on the matter.（我々はその問題に対し同じ見解である）

⑥ He **has** a well-balanced **view** of the Far East.（彼は極東に関してバランスのとれた見方をしている）

⑦ They **have** a different **idea** about the issue.（彼らはその件で見解が異なる）

⑧ He **has** a broad **perspective** on the issue.（彼はその問題を大きな視野で見ている）

* perspective: 見解，展望，大局観，バランスの取れた見方

⑨ An outsider **has** the best **perspective**.（岡目八目［部外者が全体を一番よく見渡せる］）

◎ 関連表現

① This is our personal opinion［view, idea］.（これは当社の見解です）

② What is your take on this matter?（本件に関するあなたの捉え方［見解］は？）

③ What's your reading of the current situation in the Middle East?（中近東の現状に関するあなたの見解［読み］はいかがですか）

④ I agree with some elements of his perspective.（彼の見方にも一理ある）

⑤ He is able to see things in perspective.（彼はバランスのとれた見方ができる）

7 関係がある

① We **have** a close **connection** with the firm.（当社はこの会社と関係が深い）
② We **have** good commercial **relations** with the company.（当社はこの会社と良好な商関係がる）
③ We **have** a business **tie** with them.（当社はこの会社とは取引関係がある）

「関係がある」を表す代表的表現は，
- have a connection
- have relations
- have a relationship
- have a tie
- have a bearing

などである。それぞれ活用範囲が広いので，例文を参照し，いろいろな表現の仕方を身に付けておきたい。

◉ 類 似 表 現

① We **have** a close **relationship** with the firm.（当社はその会社と緊密な関係がある）
② It **had** a **great deal** to do with the success of our business.（そのことは当社の事業の成功と非常に大きな関係があった）
　　* have a lot[a great deal, much, etc.] to do with: 大いに関係がある
③ We need to **have** better **bonds** between parents and children.（親子関係の改善が必要だ）
　　* bond: 結び付き，結束，関係，きずな

④ They **have** cooperative **ties** with Sony.（彼らはソニーと協力関係にある）
⑤ It will **have** a great **bearing** on the total profit.（それは総利益に大きく関係する）
⑥ He **had** a **hand** in the plot.（彼はその陰謀に一枚かんでいた）
　＊ have a hand in: 関与する，片棒を担ぐ，一役買う
⑦ We **have** a **stake** in this firm.（この会社と利害関係がある）
　＊ stake: 利害関係，債権債務
⑧ We **have** a strategic **alliance** with this company.（我社はこの会社と戦略的提携を結んでいる）
⑨ Japan **has** close economic and trade **ties** with China.（日本は中国と経済面でも貿易面でも非常に関係が深い）

● 関連表現

① It's irrelevant to me.（それは私とは関係ありません）
② I'm not involved with it.（私はそれとはかかわり合っていません）
③ What have you to do with it?（それがあなたとどういう関係があるのですか）
④ The disease is linked to stress.（その病気はストレスと関係がある）
⑤ It looks like there's no linkage.（関係がないように見える）
⑥ Dynamics between Japan and China has changed.（両国の力関係が変わった）
　＊ dynamics: 力学，力関係

8 尊敬する

① Ed **has** a lot of **respect** for his father.（エドは父親を大変尊敬している）
② She **has** a high **self-esteem**.（彼女は自尊心が高い）
③ Everybody **has** a high **regard** for him.（誰もが彼に尊敬の念を抱いている）

「尊敬する」は次の3表現をしっかり覚えたい。
- have respect for 「～を尊敬する，重んじる」
- have esteem for 「～を尊敬する，高く評価す」
- have regard for 「～を尊敬する，好感を持つ，気を配る」

上記の表現に形容詞がつく場合，意味が特定されるため，下の例のように冠詞が付く例が多い。

◉ 類 似 表 現

① I **have** a new **respect** for our president.（社長に改めて尊敬の念を持つようになった）
② They **have respect** for each other's position.（二人はお互いの立場を尊重している）
③ Everybody must **have respect** for human dignity.（すべての人は人間の尊厳を重んじなくてはならない）
④ He **has** no **regard** for Mr. Smith.（彼はスミス先生をまったく尊敬していない）
⑤ Everybody here **has** a high **regard** for him.（ここの誰もが彼を高く評価している）
⑥ I **have** a high **opinion** of him.（私は彼を大変買っている）
⑦ He **has** a low **self-esteem**.（彼は自尊心が低い［自信がない］）

⑧ He **has contempt** for his boss.(彼は上司を軽んじている)

● 関 連 表 現

① He is well-respected by his colleagues.(彼は仕事の同僚に大変尊敬されている)
② I hold my boss in high esteem.(上司を大変尊敬している)
③ He is held in high esteem in his class.(彼はクラスの皆に尊敬されている)
④ We must hold human life in higher esteem.(我々は人命をもっと大切にせねばならない)
⑤ Jim is esteemed for his integrity.(ジムは誠実であるため好感を持たれている)
⑥ You have to boost your own self-esteem.(君はもっと自分を大切にしなければいけない)

9　会話・雑談をする

① I **had** a preliminary **talk** with them about the issue.(彼らとその件に関しあらかじめ打ち合わせを行った)
② Let's **have** a **conversation** over a cup of tea.(お茶を飲みながらちょっとお話ししましょう)
③ I **had** a friendly **chat** with him about it.(そのことで彼と親しく雑談した)

「動詞の名詞化」でも扱ったが,会話や雑談を表現するにはtalkやchatが広く使われる。そのほかconversationも頻出する。ニュアンスのある表現には,形容詞をうまく使うことがカギになる。

◉ 類似表現

① We **had** only a routine kind of **conversation**.（ごくありきたりの会話を交わしただけだ）

② If you **have** some **time** to spare, let's **have a conversation** over a cup of coffee.（少しお時間がありましたら，コーヒーを飲みながら話しましょう）

③ I **had** a face-to-face **conversation** with my boss.（課長と直接会って話をした）

④ Let's **have a talk** another day about the issue.（その問題については，日を改めて話し合おう）

⑤ I **had** a small **talk** with Bill.（ビルと世間話をした）

⑥ They **had** a heart-to-heart **talk** with each other.（二人は胸襟を開いて話し合った）

⑦ They **have** a brilliant **dialogue** in this movie.（この映画の中には才気溢れる会話がある）

⑧ I **had** a brief **chat** with him.（彼とちょっと言葉を交わした）

◉ 関連表現

① I was left out of their conversation.（彼らの会話に入れなかった）

② He broke into our conversation.（彼は我々の会話の中に入り込んできた）

③ There was a gap in their conversation.（彼らの会話はかみ合わなかった）

④ They **had** a smooth swing of the **conversation**.（二人は実にスムーズな会話のやり取りをした）

　　＊ a swing of the conversation: 会話のやり取り，流れ

⑤ We will finish this conversation later.（この話の続きはまた後ほど）

[3]名詞構文の活用

10　予感がする

> ① I **have** a **hunch** that something good is going to happen.（何かいいことが起こりそうな予感がする）
> ② I **had** a **premonition** that something terrible was going to happen.（何か恐ろしいことが起こりそうな予感がした）
> ③ I **have** a **presentiment** of danger.（危険なことが起こりそうな予感がする）

「予感がする」と言いたいときには，まず次の表現を思い出そう。
- have a hunch
- have a premonition
- have a presentiment

　hunch（予感，虫の知らせ，勘）やgut feeling（予感，虫の知らせ）は，いい予感にも悪い虫の知らせにも使われる。

　一方，premonition（予感）やpresentiment（予感）は，どちらかというと悪い予感の場合に使われることが多い。そのほかに，
- have a foreboding　「虫の知らせがある，予感がする」
- have a feeling in *one's* stomach　「虫の知らせがある」
- have an inkling　「うすうす感ずく，予感する」

なども覚えておきたい。

◉ 類 似 表 現

① I **have** an uneasy **feeling** that something bad is going to happen.
（何か悪いことが起こりそうな嫌な予感がする）
② I **have** a gut **feeling** that we won't get anywhere.（結局無駄になるような予感がする）
　　＊ not get anywhere: 何も達成できない，何も実現できない

③ I **have** a bad **feeling** in my stomach that he will not come after all.（結局，彼は来ないような嫌な予感がする）
④ I **have** a **foreboding**[**feeling**] that something bad is going to happen.（何か悪いことが起こりそうな予感がする［虫の知らせがある］）
⑤ I **had** an **inkling** that he would not come.（彼が来ないことは何となく感じていた）

◉ 関 連 表 現

① I don't like the **feeling** I'm **getting**.（嫌な予感がする）
② I can't shake the bad feeling.（嫌な予感がしてしかたがない）
③ My gut tells me that something bad is happening.（何だかまずいことになってきている予感がする）
　＊ gut: 本能的直感
④ There are clouds on the horizon.（何だか嫌な予感がする）
　▷地平線のかなたに雲がかかり，不吉な兆しがみられるということ。
⑤ I can feel it in my bones.（そういう予感がする）
　＊ feel in *one's* bones: 虫の知らせで感じる
⑥ My prediction was correct.（やっぱりそれは虫の知らせだった）

11 討議する

> ① Let's **have** a **discussion** about the issue.(その件を打ち合わせよう)
> ② We **had** a lively free **debate** on the issue.(その問題に関し活発な自由討論をした)
> ③ They **had** intensive **deliberations** on the budget.(予算に関し集中審議が行われた)

「討議する」,「議論する」でよく使われる表現を挙げると次のとおり。
- have a discussion about[on, over]
- have a debate on[about, over]
- have a deliberation on[over, about]

討論の性格や重要度などに関しては,形容詞をうまく使って表現する。

◉ 類似表現

① We need to **have** a more meaningful **discussion** on this matter.(この件に関しては,さらに意味のある議論を深めていくことが大切だ)

② Let's **have** an open **discussion** on this subject.(この問題についてオープンに話し合おう)

③ They **had** an international **forum** on the subject of terrorism in Washington.(ワシントンでテロに関する国際討論会が開かれた)
　　* forum: 公開討論会,公開討論

④ We **had** an in-depth **debate** on the subject.(その問題について掘り下げた議論を行った)

⑤ They **had** a full-dress **debate** on international terrorism in Tokyo.(東京で国際テロに関し本格的論議が行われた)

◉ 関連表現

① The discussion centered on the matter.（議論はその問題に集中した）
② Don't sidetrack the discussion, and let's get back to the point.（議論をそらさないでください。肝心な議題に戻りましょう）
   * sidetrack:（話題）をそらす，脱線させる
③ This discussion won't get us anywhere.（こんな議論をしていてもらちが明かない）
   * not get *someone* anywhere: 結論が出ない，らちが明かない，無意味だ
④ This needs some serious discussion.（これには真剣な話し合いが必要ですね）
⑤ The issue has become a focal point of the debate.（その問題が議論の焦点になった）

12　称賛する

① I **had** a great **admiration** for his speech.（彼の演説は素晴らしく大変感動した）
② I **have** high **praise** for his efforts.（彼の努力を称賛します）
③ They **have** a very good **opinion** of you.（彼らは君を非常に高く評価している）

「称賛する，褒める」でよく使われる表現に次のものがある。
● have praise for
● have an admiration for
● have a good[high] opinion of

「称賛される，褒められる」には，さらに次の表現もよく使われる。

- have a pat on the back from
- have high praise from

　日常会話で「褒める」は，基本動詞giveを使って，give *someone* a pat on the backやgive *someone* creditなどが好んで使われる傾向がある。ここでのpatは「親しみを込めて軽くたたく」こと，creditは「正当な評価」をそれぞれ意味している。

◉ 類似表現

① You **have** my greatest **admiration**.（あなたには本当に感激いたしました）

② He **had** high **praise** from the audience.（観客から拍手喝采を受けた）

③ She **had** a **pat** on the back from her boss.（彼女は上司から褒められた）

④ I **have** a great **admiration** and **respect** for your father.（あなたのお父さんには，日頃より称賛と尊敬の念を抱いております）

⑤ He tends to **have** a high **opinion** of himself.（彼はとかく自慢をする男だ）

◉ 関連表現

① I **give** him high **praise** for his honesty.（彼の正直な性格を高く評価している）

② I like to offer high praise for his great achievements.（彼の立派な業績を高く評価したい）

③ My admiration for you is really immense.（あなたを称賛してやみません）

④ I read your book with admiration.（あなたの著書を読み感心しました）

⑤ I like to **give** myself a **pat** on the back.（私は自分を褒めてやりたいと思う）

⑥ **Give credit** where credit is due.（認めるべき時にはちゃんと認めてやりなさい）
　▷素直に褒めるべきときには褒めてやりなさい，という意味。
⑦ Let's **give** him **credit** for his great contribution today.（今日の素晴らしい貢献に対し，彼を褒めてやろう）

13　論争する

① They **had** a heated **argument** over the matter of money.（彼らは金銭問題で激しく渡り合った）
② They **had** a heated **confrontation** on human rights.（人権問題で激しい議論の衝突をした）
③ Frankly I **have** inner **conflict** over the issue.（正直言って，その問題に関しては内心の葛藤があります）

　社会生活や家庭生活において，あるいは政治や外交の世界で「議論」，「論争」そして「対立」は日常茶飯事である。これらの表現をここでまとめてみたい。
● argument……白熱した議論，論争，口論，反論
● heated debate……激論，衝突
● heated discussion……激論，白熱した議論
● conflict……論争，対立，不一致，葛藤，衝突
● confrontation……対決，対立，口論
● controversy……論争，議論，口論，対立
　これらの言葉とhaveを組み合わせて使う場合，形容詞及び形容詞句が重要な働きをする。

◉ 類似表現

① We **had** a heated **debate** on the human rights.（人権問題で激論を交わした）

② We **had** a heated **discussion** on the human rights.（人権問題で激論を交わした）

③ We **have** now a serious **confrontation** over the issue with them.（その問題に関し，彼らと深刻な対立が生じている）

④ Mike **had** a **confrontation** on the issue with his boss.（マイクはその問題で上司と対決した）

◉ 関連表現

① Let's not be too argumentative.（あまり理屈っぽいことは言わないことにしましょう）

② We got into a heated argument over the matter of economy.（経済問題で激しい議論の応酬となった）

③ I got caught up in the argument.（その論争に巻き込まれた）

④ The education of our children is always a bone of contention for us.（子供の教育問題が，二人にとって常に不和の種になっている）

⑤ I'm in conflict with my manager.（上司と衝突している）

⑥ Your plan has helped us dodge a controversy.（君の計画のおかげで対立を避けることができた）

 * dodge: 避けて通る，身をかわす，よける

14　想像する

① He **has** a poor **imagination**.（彼は想像力が貧弱だ）

② I **had** a **guess** at his intention.（彼の意図するところは想像がついていた）

③ I **have** no **conception** of their hardships.（彼らの受けた苦痛は想像もできない）

「想像」といえば，まずimaginationという語の持ついろいろな意味合いをしっかり把握し活用したい。そのほかこの意味ではguess, conceptionも重要。

● imagination……想像，想像力，想像の産物，妄想，錯覚，思い過ごし，考えすぎ，気のせい
● guess……推測，推量，想像，見当，心当たり
● conception……見当，着想，想像，心に描くこと，考え

imaginationの意味合いをしっかり把握するため，下の関連表現及び類似表現を声に出して読んでほしい。

◉ 類 似 表 現

① He **has** a rich **imagination**.（彼は想像力に富んでいる）

② He **has** a fertile **imagination**.（彼は想像力に富んでいる）

③ I **have** a few **guesses** about his intentions.（彼が意図したことについて，いくらか心当たりがある［想像できる］）

④ He **had** a shrewd **guess** about the final outcome.（彼は最終結果に関して抜け目なく推測していた）

⑤ I **have** no **conception** of how old she really is.（彼女が実際何歳か見当もつかない）

◉ 関 連 表 現

① Is this just my imagination?（これは私の思い過ごしだったのでしょうか？）

② I guess this is my imagination.（それは私の気のせいだったようですね）
③ It's just in your imagination.（それは君の思い過ごしだ）
④ Don't let your imagination run away with you.（あまり気を回さないでね）
⑤ Your imagination runs too far.（気を回しすぎですよ／思い過ごしですよ）
⑥ I leave it to your imagination.（ご想像にお任せします）
⑦ It is not **what** we **had** in mind.（それは我々が想像していたものではない）
⑧ It is not what he pictured.（それは彼が想像していたものではない）
⑨ **Make** an educated **guess**.（目星をつけてごらん）
　　＊educated: 経験に本づいた，知識に本づいた
⑩ **Give** full **scope**[**free rein**] to your imagination.（想像をたくましくしてみてください）
　　＊give full scope to: 充分に発揮する，遺憾なく発揮する
⑪ It's a matter for speculation.（その点は推測の域を出ない）

15 〜と評判だ

① This product **has** a **reputation** for reliability.（この製品は信頼できると評判だ）
② Jim **has** a **reputation** for apple polishing.（ジムにはごますり屋だという評判がある）
③ The program **had** a favorable **reception**.（その番組は好評だった）

「評判がある」には普通have a reputationが使われ，これは良い評

判にも悪い評判にも使われる。下の類似表現③のように，悪い意味ではnotorietyが使われることもある。

「企画や製品が好評だ」という場合，have a good reception，あるいはhave a good responseが使われることもここで覚えておきたい。

● 類 似 表 現

① She **has** a **reputation** for being a big mouth.（彼女は口が軽いともっぱらの評判だ）
② The firm **has** a spotless **reputation** for reliability.（あの会社は信頼できると，非の打ち所のない評判を得ている）
③ He **has** great **notoriety** for being a tough boss.（彼は難しい上司だと悪評が高い）
④ His speech **had** a warm **reception** from the audience.（彼の話は聴衆の受けが良かった）
⑤ It **has** a lot of **popularity** among young people.（それは若い人の間で大変好評だ）
⑥ He **has** a bad **name** here.（当地では彼の評判は良くない）
　＊ have a bad name: 評判が悪い
⑦ They **have** a good **opinion** of him.（彼の評判は良い）

● 関 連 表 現

① He lives up to his reputation as a good boss.（彼は評判通りのいい上司だ［彼はいい上司との評判にみごとに応えている］）
② He is trying to shake off his reputation as a playboy.（彼は「遊び人」の悪評払拭に躍起になっている）
③ They **got** a lot of **publicity** in the media.（彼らはマスコミに大分騒がれた）
　＊ get publicity: 評判になる，注目を集める

④ He enjoyed his popularity at the cost of his privacy.（彼は人気を謳歌したが，彼自身のプライバシーが犠牲となった）
　　＊ at the cost of: ～を犠牲にして
⑤ Their products are **getting** favorable **responses** in our market.（当地の市場で，彼らの製品はいい評判を得ている）

16　傾向がある

> ① People now **have** a **tendency** to get upset by small things.（最近の人は，ちょっとしたことで取り乱す傾向がる）
> ② He **has** a **propensity** for exaggeration.（彼は大げさに話す傾向がある）
> ③ She **has** a genetic **predisposition** to cancer.（彼女は遺伝的に癌になりやすい体質だ）

tendency 以外の「傾向」を意味する主な単語を挙げると次のとおり。例文のようにすべて have の目的語となり，形容詞をうまく使うことにより表現幅は広がり，様々な意味合いが出せる。

- propensity……性癖，性向，傾向
    propensity for consumption　「消費性向」
    propensity to savings　「貯蓄性向」
- predisposition……性質，たち，体質
    inherited predisposition　「遺伝的体質」
- proclivity……好ましくないことへの傾向
    proclivity to steal　「盗癖」
- penchant……強い好み，傾向，趣味，癖
    penchant for backroom deals　「密室体質」

- trend……動向，風潮，流れ
    trend analysis 「動向分析，トレンド分析」
- habit……個人的傾向，癖，習慣
    habit of exaggeration 「誇張癖」

◎ 類 似 表 現

① He **has** a **tendency** to catch a cold easily.（彼はすぐ風邪を引く傾向がある）
② She **has** an allergic **predisposition**.（彼女はアレルギー体質だ）
③ He **has** a **predisposition** to catch colds easily.（彼は風邪を引きやすいたちだ）
④ Japan **has** a deflationary **trend**.（日本はデフレ傾向にある）
⑤ We **have** a global warming **trend** now.（地球温暖化傾向にある）
⑥ He **has** a **proclivity** for violence.（彼は暴力に走る傾向がある）
⑦ She **has** a **penchant** for misjudging things.（彼女は判断を誤る傾向がある）
⑧ He **has** a **penchant** for taking a first pitch.（彼は初球を見送る傾向が強い）
    * take a first pitch: 初球を見送る
⑨ She **has** a **habit** of biting her nails.（彼女は爪を噛む癖がある）

◎ 関 連 表 現

① There is a growing tendency to put off marriage among young people.（若い人の間で晩婚傾向が顕著になりつつある）
② The project coincided with the trend.（そのプロジェクトは時流に乗った）
③ The trend is upward.（趨勢は上向きだ）
④ Internet trade is sort of a trend now.（ネット取引は今一種のはやりだ）

⑤ Don't **make** a **habit** of it.（それを癖にしたら駄目ですよ）

17　けんかをする

① He **had** a **quarrel** with her over a trifling matter.（彼は彼女とつまらないことでけんかした）
② My kids **have** constant **fights** with each other.（うちの子供たちはいつもけんかばかりしている）
③ I **had** a little **run-in** with my boss.（上司とちょっと口論になった）

「けんか」を意味する語句は実に多い。一般的なものは,
● quarrel……比較的長いけんか
● fight……主として子供のけんか, 格闘
● row……口論, 口げんか；発音は [ráu]
● blowup……大げんか, 激しい口論
● run-in……《米口語》口論, いさかい, けんか
が主なもので, さらに,
● rumpus……激論, 大騒ぎ
● scrap……殴り合いのけんか
● thump-up, punch-up……殴り合いのけんか
● brawl……騒々しいけんか
● spat, tiff……ささいなけんか
などがある。

● 類似表現

① I **have** no **quarrel** against the decision.（その決定に文句はない［不服はない］）

② **Have** your marital **quarrel** at home. Please.（夫婦げんかは家でやってくれ）
③ I **had** a **run-in** with the police.（警察とちょっとしたもめ事があった）
④ He **had** a **row** with his friend over smoking.（喫煙の件で友達と口論になった）
⑤ They **had** a lot of **fights**.（あの二人はよくけんかした）
⑥ He **had** a **rumpus** with his friend in front of others.（人前で彼は友達と大声で怒鳴りあった）
⑦ They **had** a **blowup** over the issue of inheritance property.（相続財産の件で彼らは大げんかをした）
⑧ I **had** a **falling out** with my wife over the choice of the destination.（行き先の件で妻と口論になった）
　＊falling out: 口論，いさかい
⑨ They **had** a bench clearing **brawl**.（両チームはダッグアウトから飛び出し乱闘になった）
⑩ He **had** a **spat** with her on a mobile.（彼は携帯電話で彼女とつまらないけんかをした）

◉ 関 連 表 現

① It takes two to tango.（けんか両成敗）
　▷タンゴは一人では踊れない，ということから。
② The quarrel of lovers is the renewal of love.（雨降って地固まる）
　▷（恋人たちの）けんかより新たな愛が育まれる，という意味。
③ A bad carpenter quarrels with his tools.（弘法筆を選ばず）
　▷一人前の大工は道具に文句は言わない，という意味。

18 提案する

① I **have** a **proposal** about it.（それに関し提案があります）
② I **have** a **proposition** about it.（それに関し提案があります）
③ I **have** a **suggestion** I want to talk with you about.（お話ししたい提案があります）

「提案する」は次の表現を覚えておけば十分だろう。これに関連表現で取り上げた基本動詞makeやgiveを使った表現を上手に活用できれば完璧だ。

● have a proposal 「提案する，提言する」 ▷一般的提案。
● have a proposition 「提案する，提議する」 ▷特定事項に関する提案。
● have a suggestion 「提案する，忠告する」
● have a motion 「動議を出す，提案する」 ▷会議における提案。

● 類 似 表 現

① I **have** a very interesting **proposition** for you.（貴社にとってご関心のある提案をさせていただきます）
② I **have** a business **proposition** for you.（君にいい仕事の話がある）
③ Do you **have** any **suggestions**?（何かご提案がありますか）
④ If you **have** any **suggestions** in this regard, please feel free to tell us.（何かこれに関連しご意見あれば，遠慮なくおっしゃってください）

● 関 連 表 現

① They came up with a bold plan.（彼らは大胆な提案をした）
② The new plan he suggested struck me as a pie in the sky.（彼が提案した企画は現実性がないものと思えた）

＊a pie in the sky: 現実性のないもの，絵に描いた餅

③ May I **make** any **suggestion** on it?（それに関し提案してよろしいですか）

④ I would like to **make** a **motion** that we will **have** a short **break** here.（ここで小休止を取ることを提案します）

⑤ Let's try to **give shape** to the proposal.（この提案を具体化するため努力しよう）

⑥ I **made** a **proposal** to purchase the land.（土地の購入を申し出た）

⑦ They all **gave** the **nod** to the proposal.（彼らは皆その提案に同意した）

⑧ We **gave** our **consent** to the proposal.（我々はその提案に賛成した）

⑨ He **made** a good **suggestion** about it.（彼はそれに関しよい提案をした）

19　一般表現

① This **has** a restricted **application**.（これは応用範囲が狭い）
② I **have a suspicion** he will not come.（彼は来ないような気がする）
③ I **have** no **intention of** changing my remarks.（自分の発言を変えるつもりはない）

　ここでは動詞でも表現できるが，名詞構文がよく使われる，そのほかの例を挙げる。

● 類 似 表 現

① This **has** a very good **light transmission**.（これは光の透過率が非常によい）

② They **had** a secret **consultation** on the matter.（その件で彼らは密

議をした）

③ He **had** a stomach cancer **operation**.（彼は胃癌の手術を受けた）

④ He **has** a strong **determination** to serve his country.（彼は国のために働く強い決意を持っている）

⑤ He has **had** a long and fullfilling **life**.（彼は社会経験が豊富だ）

⑥ The Japanese **have** a limited **exposure** to English.（日本人は英語に触れる機会が少ない）

⑦ She **has** an **appreciation** for art.（彼女は芸術に対する観賞眼がある）

⑧ We usually **have** a lot of **expectations** at the beginning of the year.（いつも年の始めにはいろいろ期待するものだ）

⑨ They are bound to **have** a **showdown** sooner or later.（二人はやがて雌雄を決する運命にある）

　＊ have a showdown: 雌雄を決する

⑩ He **has** an **answer** for everything.（あの人はああ言えばこう言うで困ったものだ）

⑪ I **have reservations** about this plan.（この企画に疑問を持っている）

　＊ reservation: 疑念，疑問

⑫ Tiger Woods **had** a good **look at the birdie** from 10 feet but missed it.（タイガー・ウッズは10フィートのバーディー・チャンスに寄せたが，結局はずしてしまった）

　＊ look at the birdie (= chance of birdie): バーディー・チャンス

⑬ It's natural to **have** some sort of **letdown**.（ある程度失望感を持つのは当然だ）

　＊ have letdown: がっかりする，失望する

⑭ He **has** no **fear**, and **has** great **composure** in such a situation.（そのような状況下でも，彼は恐れることもなく，いつも非常に落ち着き払っている）

　＊ have a fear: 恐れる，怖がる

　＊ have composure: 落ち着いている

[4] 特徴・性格・体型

1　才覚がある

> ① She **has** a **flair** for cooking.（彼女には料理の才能がある）
> ② Bill **has** a light **touch**.（ビルは手際が良い［手先が器用だ］）
> ③ He **has** a bad **intuition**.（彼は勘が鈍い）

「感性」や「才覚」は，努力によっても培われる能力であるが，どちらかと言えば生来のものである。これらを示す言葉をまとめると次のようなものがある。すべてhaveの目的語になり，形容詞の助けを借りて感性と才覚を幅広く表現できる。
- flair……才能，素質，能力，勘，ひらめき
- feel……勘，感じ
- feeling……感性，感受性
- sense……感覚能力，知覚
- touch……触覚，才能
- intuition……直覚，洞察，直感，勘

flair，feel，feeling，senseなどの単語に関しては，ほかの項でも例文を多く上げているので参照していただきたい。

関連表現ではintuitionの例を主として取り上げた。

◉ 類似表現

① He **has** a **feel** for numbers.（彼は数字に対する勘がいい）

② Bill **has** a **flair** for music.（ビルは音楽の才能がある）

③ He **has** a **feeling** for music.（彼は音楽の素質がある）

④ Jack **has** a good **sense** for musical pitch.（ジャックは音感が鋭い）
　＊ musical pitch: 音程

⑤ She **has** a natural **inclination** for classical music.（彼女は生来クラシック音楽に対する感受性が備わっている）

⑥ The animal **has** an **intuition** of danger.（動物は危険を察知する能力を持ち合わせている）

⑦ He **has** a golden **touch** for gardening.（彼は素晴らしい園芸の才がある）
　▷a golden touch: 手で触れるものを金に換えてしまう「魔法のタッチ」より派生した表現で，「特殊な才能」を意味する。

⑧ He **has** green **fingers**.（彼は園芸の才がある）
　▷He **has** a green **thumb**. ともいう

⑨ Bill **has** a **touch** for public speaking.（彼は人前で話す特殊な才能がある）

◉ 関連表現

① Your intuition is running high today.（今日は勘がさえているね）

② It's my intuition.（それは私の直感です）

③ I usually trust my intuition.（私は自分の直感を通常頼りにする）

④ I know it by intuition.（勘で分かる）

⑤ My intuition tells me that I should let it pass this time.（私の直感では，今回は見送ったほうがいいようだ）

2 顔の表情

① He **has** a straight **face**.（彼はまじめな顔をしている）
② Betty **has** a sad **look** on her face.（ベティは悲しげな顔をしている）
③ Mike **had** a stunned **expression** on his face.（マイクは呆然とした表情をしていた）

微笑する，大笑いする，さめざめと泣く，悲しげな顔をする，苦痛でしかめ面をするなど，喜怒哀楽に伴う顔の表情を表す表現は多い。構造的には「**have**＋名詞」で幅広く表現できるが，形容詞（過去分詞を含む）をうまく使うことにより表現の幅は格段に広がる。応用範囲が広いので，例文を何回も声に出して読み，身に付けてほしい。

◉ 類 似 表 現

① She **had** a practiced **smile**.（彼女は作り笑いをした）
② Liz **has** a charming **smile**.（リズの微笑は魅力的だ）
③ We **had** a hearty **laugh** today.（今日は腹の底から笑った）
④ We **had** a good **laugh** yesterday.（昨日は本当によく笑った）
⑤ Betty **has** a healthy[clear] **complexion**.（ベティは顔の色つやがいい）
⑥ She **has** a rosy **complexion**.（彼女は血色のよい顔をしている）
⑦ He **had** a long **face**.（彼は浮かぬ顔をしていた）
⑧ Liz **had** a relieved **look** on her face.（リズはほっとした顔をした）
⑨ She **had** a pained **look** on her face.（彼女は苦痛で顔をしかめた）
⑩ Taro **has** a **look** of deep concentration.（太郎は集中した顔つきをしている）

⑪ Jack **has** a healthy **look** on his face.（ジャックは健康そうな顔をしている）
⑫ Jim **has** a **look** of intelligence.（ジムは聡明な顔つきをしている）
⑬ She **had** a long **cry**.（彼女はひとしきり泣いていた）
⑭ She **has** a distinctive **smile**.（彼女は特徴のある笑い方をする）
⑮ She **had** a pained **expression** on her face.（彼女は苦痛にゆがんだ表情をしていた）
⑯ Betty **has** a sad **expression** on her face.（ベティは悲しげな表情をしている）
⑰ Mike **has** a gloomy **appearance**.（マイクは陰気くさく見える）
⑱ She **has** a healthy **color** on her face.（彼女は健康な顔色をしている）

◉ 関連表現

① She **gave** me a **smile** of satisfaction.（彼女は私に会心の笑みを投げかけた）
② He **gave** me a hearty **laugh** then.（その時彼は私に向かって心から笑ってくれた）
③ She **gave** a **cry** when she heard the news.（その知らせを聞いて，彼女は声を出して泣いた）

3　元気がいい

① He **has** a lot of **dash**.（彼はすごく元気がある）
② Jim **has** a lot of **energy**.（ジムはとても元気がいい）
③ He **has** a lot of **spark**.（彼は元気一杯だ）

「元気がいい」をネイティブ・スピーカーは主として次のように言う。

- have a lot of dash
    * dash: 活気, 元気
- have a lot of energy
    * energy: エネルギー, 活力, 精力
- have a lot of spark
    * spark: 活気, 元気

下に多くの例を示したが, 日常会話でよく出る話題だけにいろいろな言い方がある。

◎ 類 似 表 現

① He still **has** the **energy** to **have** an **argument** with me.（彼はまだ私と議論する元気を持ち合わせている）
② Jack **has** a lot of **zing** to **take** a **walk** every morning.（ジャックは元気で, 毎朝散歩している）
    * zing: 活気, 気力, 元気
③ He **has** a lot of **beans**!（彼は元気一杯だ）
④ Mike **has** a plenty of **bounce**.（マイクは元気一杯だ）
    * bounce: 活気, はずみ
⑤ It looks like he **has** the **blues**.（彼はあまり元気がないようだ）
    * blues: 憂鬱（ゆううつ）
⑥ Today he **has** his **tail** between his legs.（今日, 彼はいつもと違ってあまり元気がない）
    * have *one's* tail between *one's* legs: おじけづいて, しょげている
⑦ My grandson **has** too much **beans**.（孫は元気が良すぎる）
    * have beans: 元気がよい
⑧ He **has** a lot of **drive**.（彼はやる気満々だ）
    * drive: やる気, 気力

● 関 連 表 現

① I **feel like a million dollars**. (私は元気一杯だ)

② He is **full of beans**. (彼は元気一杯だ)

③ She is **full of energy** for her age. (彼女は年の割には元気一杯だ)

④ He is **full of life**. (彼は元気一杯だ)

⑤ She is **feeling down**. (彼女は落ち込んでいる [元気がない])

⑥ She is **out of sorts**. (彼女は元気がない [落ち込んでいる])

  * out of sorts: 元気がない,意気消沈した,いらいらしている

⑦ I **got** my second **wind** after **having a drink**. (一杯やったら元気が出た)

  * get *one's* second wind: 元気を回復する

  ▷ second wind: マラソンでは途中で誰でも疲労感に襲われるが,我慢して走り続けると,身体が自然に対応し急に楽に感じることがある。この時の状態をsecond windという。

⑧ I **got a lift** after we **got the win**. (試合に勝ったら元気が出た)

  * lift: 気持ちの高揚

⑨ You're looking **as fit as a fiddle**. (とても元気そうだね)

  * as fit as a fiddle: 非常に元気で [成句]

4 根性がある

① He **has** a lot of **guts**. (彼は根性がある)
② Jim **has** a lot of **balls**. (ジムは根性がある)
③ Susan **has** a lot of **mettle**. (スーザンは根性がある)

「根性がある」,「度胸がある」,「勇気がある」を表すには,主として次の単語をhaveの目的語にし,ニュアンスに応じ形容詞,ないし

は形容詞句を上手に活用する。
- guts……気力，根性，勇気
- balls……度胸，根性，勇気
- mettle……根性，気迫，勇気

◉ 類 似 表 現

① He **has guts**.（彼は根性がある）
② He **has** no **guts**.（彼は意気地がない）
③ Jim **has** brass **balls**.（ジムは根性がある）
　　＊brass balls: 勇気，度胸
　　＊brass: 真ちゅう
④ He **has** a lot of **balls**. / He **has** brass **balls**./He **has balls of brass**.（彼は実に根性がある）
⑤ She didn't **have** the **balls** to tell the truth.（彼女は真実を語る勇気を持っていなかった）
　　＊balls: 根性，勇気，度胸
⑥ He **had** the brass **balls** to disclose the truth.（彼は事実を発表する勇気を持っていた）

◉ 関 連 表 現

① He is a person of guts.（彼は肝が据わった人だ）
② He showed some guts.（彼は根性を示した）
③ He is a person of mettle.（彼は骨のある人だ）
④ He showed his true mettle.（彼は気概を示した）
⑤ He is all mouth and no action.（彼は口先ばかりで，実際にやる気概を持ち合わせていない）
　　▷He is full of wind.（彼はほらふきだ）ともいう。
⑥ He is gutsy.（彼はガッツがある）

* gutsy: 根性のある，図太い
⑦ He showed his mettle this time.（今回彼は気概を示した）

5 性格・気性

① Bill **has** a cheerful **disposition**.（ビルは明るい性格の持ち主だ）
② Ed **has** a violent **temperament**.（エドは気性が激しい）
③ Liz **has** a very friendly **character**.（リズは大変親しみやすい性格だ）

ここでは「人の性格，気性」を表す単語を整理しておこう。主な単語を挙げると次のようになる。それぞれhaveの目的語となり，主語の性格，気性を特定する。
● disposition……性質，性格
● temperament……性分，激しい気性
● character……性格，個性，人柄
● temper……気分，気性，機嫌
● personality……性格，人柄，独特の雰囲気

◎ 類似表現

① He **has** a shy **disposition**.（彼は内気な性格だ）
② She **has** a nervous **disposition**.（彼女は神経質な性格だ）
③ Jack **has** a nasty **disposition**.（ジャックは意地の悪い性格をしている）
④ Ed **has** a fiery **temperament**.（エドは激しやすい性格だ）
⑤ Helena **has** a hysterical **temperament**.（ヘレナは性格的にヒステリーを起こしやすい）
⑥ He **has** a strong **character**.（彼は根性が据わっている）

⑦ Jim **has** a rotten **character**.（ジムは根性が腐っている）
⑧ Mike **has** a moderate **temper**.（マイクは気性が穏やかだ）
⑨ Jack **has** a short[quick] **temper**.（ジャックは短気だ）
⑩ He **has** a shy **nature**.（彼は内気な性格だ）
⑪ He **has** a cold **nature**.（彼は冷淡な性格だ）
⑫ She **has** a very distinctive **personality**.（彼女は大変個性豊かな人だ）
⑬ He **has** a colorful **personality**.（彼は派手な性格だ）

◉ 関連表現

① Nothing is to be gained by losing your temper.（短気は損気）
② He **has** quite a temperamental **approach** to everything.（彼は典型的な気分屋だ）
③ Cut your temper.（そんなにかっかとするな）
④ He is a temperamental person.（彼は天気屋だ）
⑤ Jim **has** a temperamental **dislike** for any debt.（彼は人から金を借りることが嫌いな性分だ）
⑥ He **has** a low boiling **point**.（彼は短気だ）
　▷「彼の沸騰点は低い」，即ちちょっと温度を上げると，すぐ熱くなりかっかとしてくる意。He **has** a short **fuse**. とも。

6　体の部分と特技・特性

① She **has** a delicate **ear** for music.（彼女は音楽に対し鋭い耳を持っている）
② He **has** a real **nose** for news.（彼は早耳だ）
③ She **has** a good **eye** for color.（彼女は鋭い色彩感覚をしている）

[4]特徴・性格・体型

体の部分を使って人の特技や特性を示す表現は多い。ここでは特にhaveとその目的語に付く形容詞が非常に重要な働きをする。この構文は動詞haveの持つ代表的機能と言える。

◉ 類似表現

① He **has** a foul **tongue**.（彼は口汚い）
② He **has** a gentle **tongue**.（彼は言葉遣いが優しい）
③ He **has** a silver **tongue**.（彼は弁舌が爽やかである）
④ He **has** a fluent[facile] **tongue**.（彼は雄弁である）
⑤ She **has** a malicious **tongue**.（彼女は人をよく中傷する）
⑥ She **has** a loose **tongue**.（彼女はおしゃべりである）
⑦ He **has** a quick **mind**[**wit**].（彼は頭の回転が速い［機転が利く］）
⑧ He **has** a **head** for figures.（彼は計算が得意である）
⑨ Bill **has** a **head** like a sieve.（ビルはとても忘れっぽい）
　＊ like a sieve:（記憶力が）ざるのような
⑩ She **has** a swelled **head**.（彼女はひどく思い上がっている）
　＊ have a swelled head: 思い上がる
⑪ She **has** a swollen **head**.（彼女はうぬぼれている）
　＊ have a swollen head: うぬぼれる，のぼせ上がる，天狗になる，思い上がる
⑫ He **has** a good **head** for business.（彼は商売がうまい）
⑬ Bill **has** a good **head** on his shoulders.（ビルは頭の回転が速い［機転が利く］）
⑭ He **has** a modest **brain**.（彼は頭があまり良くない）
⑮ He **has** a keen **nose**.（彼は鼻がよく利く）
⑯ Jack **has** a good[sharp] **nose** for wine.（ジャックはワインには鼻が利く）
⑰ She **has** a keen **eye** for beauty[the beautiful].（彼女は鋭い審美眼

がある）

⑱ He **has** an **eye** for opportunities.（彼は利にさとい）

⑲ Jim **has** a sure **eye**.（ジムは着眼点がいい）

⑳ She **has** a musical **ear**.（彼女は音楽が分かる／音楽の才がある）

㉑ She **has** a discerning **palate**.（彼女は舌が肥えている）

　　＊discerning palate: 舌の肥えた，見分けの利く舌

㉒ He **has** a delicate **palate**.（彼は味にはうるさい）

㉓ She **has** a sweet **tooth**.（彼女は甘いものが好きだ）

㉔ She **has** a loose **mouth**.（彼女は口に締まりがない［口が軽い］）

㉕ He **has** a foul **mouth**.（あの人は口が悪い）

㉖ He **has** a green **thumb**.（彼は園芸が上手である）

　▷green thumb: 文字通りには「緑色の親指」だが，比喩的に「草花や野菜などの植物を植え育てる特別の才能」を意味する。

㉗ She **has** ten **thumbs**.（彼女は不器用だ）

　▷She was all thumbs. とも。不器用だ，ぎこちないの意。

㉘ She **has** a long **reach**.（彼女は腕が長い）

㉙ He **has** a light **foot**.（彼は足取りが軽い）

㉚ Jack **has** a light **hand**.（ジャックは手際が良い）

7　体型の表現

① She **has** a good **figure**.（彼女はスタイルがいい）
② He **has** a good **build**.（彼はスタイルがいい）

「スタイルがいい」の英語表現は，男性の場合と女性の場合でははっきり異なる。

・女性に対しては a good figure

・男性に対しては a good build

が用いられる。ネイティブ・スピーカーは，日本人がよく使う style や proportion は使わない。

「均整の取れた」,「いいプロポーションをしている」の意味で形容詞として使われる場合は，well-built が男女ともに使われる。

● She is really well-built.（彼女はいいプロポーションしている）
● He is a well-built man.（彼は均整の取れたいい体格をしている）
● This is a well-built house.（これはしっかりした造りの家だ）　▷この表現もここで覚えておこう。

なお，She has a good style. と言うと「彼女は文章が上手だ」の意味になるので注意が必要。

◉ 類 似 表 現

① She **has** a well-knit **figure**.（彼女は引き締まった体つきをしている）
　＊ figure: 体つき，姿，外観
② Betty **has** a slim **figure**.（ベティはスリムな体型をしている）
③ Ed **has** a big **build**.（エドは体が大きい）
　＊ build: 体つき，体型，体格
④ He **has** a small **build**.（彼は体が小さい）
⑤ Mike **has** a slender **build**.（マイクは痩せ型だ）
⑥ She **has** a good **posture**.（彼女は姿勢が良い）
　＊ posture: 姿勢，身構え
⑦ If you **have** a poor **posture**, you are bound to **have** a bad **back**.
（姿勢が悪いと腰を痛めますよ）
　▷ back は背中の下の方，すなわち腰を意味することがよくある。
⑧ She **has** a graceful **manner**.（彼女は物腰が上品だ）
　＊ manner: 行儀，物腰
⑨ My grandfather **has** a straight **back**.（おじいさんは腰が曲がってい

ない)

⑩ Masako **has** no **waist**. (正子はずん胴だ)

8 長所と短所

① Jack **has** a personal **magnetism**. (ジャックは人望がある)
② He **has** a good **delivery**. (彼は話がうまい)
③ The cloth **has** a harsh **texture**. (その生地は肌触りがよくない)

ここでは人やものの長所や短所を表現するとき、いかに「have＋名詞」の構文が大切な働きをするかを理解してもらうため、長所と短所の表現をまとめた。たとえば、

● Jack's asset is that he has a personal magnetism. (ジャックの長所は人望があることだ)

のように使われる。

◉ 類 似 表 現

① She **has** a good dress **sense**. (彼女は洋服のセンスがいい)
② She **has** a remarkable **sense of humor**. (彼女には並外れたユーモアのセンスがある)
③ He **has** a good **constitution**. (彼はいい体格をしている)
④ Jim **has** great **chemistry** with his boss. (彼は上司と相性がいい)
⑤ She **has** a great **voice**. (彼女は声がいい)
⑥ This house **has** a good **view** of Mt. Fuji. (この家から富士山がよく見える)
⑦ She **has** a good **digestion system**. (彼女は消化器系が丈夫だ)
⑧ He **has** a high **popularity**. (彼は人気がある)

⑨ He **has** a weak **character**. (彼は性格が弱い)
⑩ He **has** a good educational[academic] **background**. (彼は高い教育を受けている)
⑪ Tom **has** a ready **pen** (, he likes to write). (トムは筆まめだ)
⑫ She **has** a hearing **defect**. (彼女は聴覚障害を持っている)
⑬ She **has** a **heart of gold**. (彼女は心が美しく広い)
⑭ He **has** a **heart of stone**. (彼は心が石のように冷たい)

◉ 関 連 表 現

① Everybody **has** both good and bad **points**. (誰でも長所と短所がある)
② Everybody **has virtues** and **weaknesses**. (人はみな長所と短所を持つ)
　　＊ virtue: 良い点，長所
③ English **has** the grammatical **virtue** of simplicity. (英語は簡単であるという文法的長所を有する)
④ This system **has** both **pro's and con's**. (このシステムには短所と長所がある)
　　＊ pro's and con's: 賛否両論，よし悪し，利点と欠点
⑤ This rule **has** both **merits** and **demerits**. (この規則には長所と短所がある)
⑥ Jim **has** a lot of **shortcomings**. (ジムには短所がたくさんある)
　　＊ shortcomings: 欠点，短所（通常複数形で使われる）

9　音痴・音楽の才能

> ① My father **has** a tin **ear**. （父は音痴だ）
> ② He **has** no **ear** for music. （彼は音痴だ）
> ③ She **has** a **gift** for music. （あの子は音楽の素養がある）

tin ear は「形の崩れた耳」，「微妙な違いを認識できない耳」の意味で使われる。have a tin ear で「音痴だ」を意味する。

一般的には「音感がない，リズム感がない」意味の

　　I have no ear for music.

　　My father is tone deaf.

で，「音痴だ」の意味は十分通じる。

「彼は方向音痴だ」のような場合には，関連表現にもあるように，

　　He has no sense of direction.

が適訳だ。

◉ 類 似 表 現

① He **has** a good **ear** for music. （彼は音感がいい）
② She **has** an **ear** for music. （彼女は音感がいい）
③ He **has** an **ear** for the piano. （ピアノの筋がいい）
④ Anne **has** a **flair** for music. （アンは音楽の才能がある）
⑤ She **has** a **talent** for music. （あの子は音楽の才能がある）
⑥ She **has** an **aptitude** for music. （あの子は音楽の才能がある）
　　＊ aptitude: 才能，適性
⑦ Anne **has** an **instinct** about musical pitch. （アンは音感がいい）
　　＊ instinct: 生まれ持った才能，直感，本能
　　＊ pitch: 絶対音程，相対的音の高さ

● 関連表現

① He showed no talent for politics.（彼は政治音痴ぶりを露呈した）
② She has no sense of direction.（彼女は方向音痴だ）
③ Jim has no sense of taste.（ジムは味覚音痴だ）
④ I do like to sing but I can't carry a tune.（歌を歌うのは大好きです。けれどひどい音痴なんです）
　　＊ carry a tune (in a bucket): 音程や調子を外さずにうまく歌う
⑤ She is tone-deaf.（彼女は音痴だ）
　　＊ tone-deaf: 音痴

10　魅力がある

① She **has** a lot of **charm**.（彼女はとても魅力がある）
② He **has** a personal **magnetism**.（彼は人間的魅力がある）
③ He **has** a great **appeal** as an actor.（彼は俳優として非常に魅力がある）

　日本語で一口に「魅力」といっても，英語ではいろいろな単語が対応する。最も普通に使われるのはcharmとappealであろう。両方とも人間にも物にも使われるが，人間に使われた場合charisma（カリスマ）やmagnetism（人を引きつける魅力）ほど意味は強くない。ほかに，
● attraction　「魅力」
● lure　「魅力，魅惑」
● pull　「魅力」
等がある。

◉ 類 似 表 現

① He **has** a lot of **charisma** as a Prime Minister.（彼は首相としてカリスマ的魅力に溢れている）

② She **has** an engaging **smile**.（彼女は笑うととっても魅力的だ／彼女の微笑は魅力的だ）

③ This place **has** no special tourist **attractions**.（ここには観光面で特に人を引きつける場所はない）

④ She **has** an incomparable **charm**.（彼女はたぐいまれな魅力の持ち主だ）

⑤ She **has** a subtle **charm**.（彼女は不思議な魅力を持っている）

⑥ Susan **has** a feminine **appeal**.（スーザンには女性らしい魅力がある）

◉ 関 連 表 現

① Yoko is a peach but her sister is a bit of lemon.（洋子は魅力的だけれど，姉は魅力がない）
   * peach: 美人，魅力的な人
   * a bit of lemon: 欠陥品，不良品，傷物

② I think that's the beauty of this school.（それがこの学校の魅力［長所］だと思う）
   * beauty: 魅力，長所

③ What's the draw of this city?（この街の魅力は何ですか？）
   * draw: 引き付ける物，魅力

④ What is the appeal of this work for you?（あなたにとってこの仕事の魅力は何ですか）

⑤ What fascinates you about him?（あなたにとって彼の魅力は何ですか）

[4] 特徴・性格・体型

11　厚かましい

① Ed **has** a lot of **neck**. (エドは実に厚かましいやつだ)
② He **has** a lot of **nerve**. (彼は神経が図太い)
③ Liz **has** a lot of **side**. (リズは実にずうずうしい)

「厚かましい，ずうずうしい」を表す英語表現としては，次の3つの言い方を覚えておけば十分であろう。3例とも意味及び使い方はほぼ同じと考えてよい。

● have a lot of neck　「ずうずうしい」
● have a lot of nerve　「ずうずうしい，神経が図太い」
● have a lot of side　「ずうずうしい，いばりくさる」

そのほかの表現は，類似表現や関連表現を参考にして，その意味を理解はできるようにしておきたい。

● 類 似 表 現

① Mary **has** a lot of **gall**. (彼女は実に厚かましい女性だ)
　　＊gall: 胆汁，厚かましさ　▷胆汁の多い人は厚かましいと考えられていたことから。
② He **has** a **neck**. (彼はずうずうしい)
③ He **had** a **nerve** to ask a favor of me. (彼は厚かましくも私に頼んできた)
　　＊nerve: ずうずうしさ，図太さ，度胸
④ Jack **has** a pretty tough **skin**. (ジャックは面の皮が非常に厚い)
　　＊skin: ここでは「面の皮」
⑤ Anne **has** a thick **skin**. (アンは神経が図太い)
　　(参考)　She **has** a thin **skin**. (彼女は繊細である)
⑥ She **has** a thick **hide**. (彼女は面の皮が厚い)

*hide: 動物の皮，人間の皮膚（= skin）。ここでは「面の皮」
⑦ He **has** a lot of **brass**.（彼はずうずうしい奴だ）
   * brass: ずうずうしさ

● 関連表現

① He is as bold as brass.（彼は実に厚かましい）
   * as bold as brass: 実に厚かましい，ずうずうしい
② He's **got nerve**.（彼はずうずうしい）
③ It's cheeky of you to say so.（よくも厚かましくそんなことが言えるね）
   * cheeky: 厚かましい，ずうずうしい，生意気な
④ That's an impudent suggestion.（それはずうずうしい申し出だ）
   * impudent: 生意気な，横柄な，ずうずうしい
⑤ What **nerve** you **have got**!（何て厚かましいんだ）

12 雰囲気がある

① This place **has** a family **atmosphere**.（ここは家族的雰囲気がある）
② This town **has** a nostalgic **air**.（この街は何か郷愁をそそる雰囲気がある）
③ This store **has** a special **feel**.（この店は特別な雰囲気がある）

英語で「雰囲気」を示す言葉は多い。最も一般的に使われる単語は，次の2語である。
● atmosphere……（特定の場所に漂う）空気，雰囲気，ムード，様子
● air……空気，雰囲気，様子

このほか，
● feel……（場所や状況の）特色，雰囲気，様子

[4]特徴・性格・体型

- ambiance……（光，音，色や香りなどいろいろな要素が醸し出す）雰囲気
- aura……独特の雰囲気，オーラ

等がある。これらの単語はすべてhaveの目的語となり，形容詞をうまく使うことにより，いろいろなニュアンスが出せる。

◉ 類似表現

① This hotel **has** a sociable **atmosphere**.（このホテルは打ち解けた雰囲気がある）

② London **has** an international **atmosphere**.（ロンドンには国際都市の雰囲気がある）

③ It was a good restaurant which **had** a homely **atmosphere**.（家庭的な雰囲気のある，いいレストランだった）

④ This classroom **has** a nice **atmosphere**.（このクラスの雰囲気はいいね）

⑤ He **has** a thoroughly **unpretentious air**.（彼には気取った雰囲気がまったくない）

⑥ She **has** a sophisticated **air** about her.（彼女には洗練された雰囲気がある）

⑦ This club **has** an exclusive **air**.（このクラブは高級な雰囲気がある）

⑧ The house **had** a modern **appearance**.（その家はモダンな感じを与えた）

⑨ Liz **has** a certain **aura** of sophistication.（リズには洗練された雰囲気がる）

⑩ That store **has** a cultured **ring**.（あのお店は洗練された雰囲気がある）
　　＊ring: 感じ，雰囲気

⑪ The conference **had** a pleasant **ambiance** from the start.（その会議は最初よりいい雰囲気だった）

◉ 関連表現

① The festive atmosphere enveloped the town.（街はお祝いムードに包まれた）

② There is a restlessness in the air.（何となく落ち着かない雰囲気があった）

③ I like the look of this baseball club.（この野球チームの雰囲気が好きだ）

＊look: 様子，空気

13 特徴がある

① Each model **has** its own special **feature**.（それぞれの見本には独自の特徴がある）

② This book **has** very useful **characteristics**.（この本には実に便利な特徴がある）

③ Each musician **has** his own individual **stamp** on the song.（音楽家には表現上それぞれ独特の型がある）

人や物の特徴を示す主な単語を挙げると次の通り。それぞれhaveの目的語となり，主語の特徴，特性，特色などを表現できる。

● feature……特徴，特色，特性
● characteristic……特徴，特性，特色，持ち味
● trait……特色，カラー，性格の特徴，習性
● stamp……型，種類，特質，特徴
● quality……特質，特性，特色
● dimension……特質，特徴

上記の単語のうち，featureとcharacteristicはほぼ同じように使わ

れる。そのほかの単語の意味及び使い方に関しては，例文を参照して活用してほしい。

◉ 類似表現

① They **have** the following **characteristics**.（それらには次の特徴がある）

② He **has** a rare **trait** as a scholar.（彼は学者には珍しいカラーを持っている）

③ This **has** the following physical **qualities**.（これには次のような物理的特徴がある）

④ His latest work **has** poetic **qualities**.（彼の最近の作品には詩的な持ち味がある）

⑤ The article **has** a number of other **features**.（その商品には，ほかにも多くの特徴がある）

⑥ The building **has** no particular **features**.（これといった特徴がない平凡な建物だ）

⑦ She's **got** her mother's **features**.（彼女はお母さんの特質をいろいろ受け継いでいる）

⑧ These goods **have** a number of new **features**.（これらの製品は新しい特徴を多く持ち合わせている）

⑨ The two products **have** some **features** in common.（二つの製品はある部分では共通の特徴を持ち備えている）

◉ 関連表現

① His best trait is his sense of humor.（彼の最も素晴らしい性格上の特徴はユーモアのセンスだ）

② That's the mark of a seasoned diplomat.（それが百戦練磨の外交官の特徴だ）

＊mark: 特筆されること，特徴
③ These are the main features of this film.（以上がこの映画の主な特徴です）
④ They **gave** it a whole new **dimension**.（彼らはまったく新しい特徴をそれに付け加えた）
⑤ This furniture was specifically made keeping natural flavor of the wood in mind.（この製品は木の持ち味を生かすよう特別に作られた）

[5] 知名度に関する表現

1 コネがある

> ① He **has** a lot of **pull** with the firm.（彼はその会社に強力なコネがある）
> ② She **has** a good **connection** with that firm.（彼女はあの会社にいいコネがある）
> ③ Jim **has** a lot of **clout** with the firm.（ジムはあの会社に顔が利く）

　欧米でも就職の時や商品の売り込み，さらには政府への働きかけの際などにコネが使われることは珍しくない。日本語の「コネ」に最も近い英語はpullで，その使い方もよく似ている。

　例文③のcloutは本人の実力により作り上げた影響力を意味する。

　また，よくご存じのconnectionを上手に使えば，日本語の「コネ」の持つ感じは十分表現できる。

　pullを動詞にしてpull stringsとpull wiresがよく使われる。操り人形の糸や針金を背後で引き，人形を操る意味より，「背後から手を回す」，「コネを利用する」と言う意味で使われる。これらを使えば，さらに微妙な感じを出せるので，関連表現を参照してあわせ活用して

ほしい。

◉ 類似表現

① Jim **has connections** with the politicians.（ジムは政治家にコネがある）
② He **has connections** in high places of the firm.（彼はこの会社の有力者にコネがる）
　　＊ high places: 有力者，幹部
③ I **have** good **pull** with the firm.（僕はその会社にいいコネがある）
　　＊ have pull, have some pull: コネがある。この意味では通常不定冠詞を取らない。
④ Anne **has breaks** since she **has** all the **connections**.（アンは方々にコネがあり，ついている）
　　＊ have a break: ついている，運がいい

◉ 関連表現

① He pulled a few strings to get a job of the firm.（その会社に就職するため少なからずコネを使った）
② She used some pull to get a job.（職に就くため彼女はコネを使った）
③ He used political pull to get employed by the firm.（彼はその会社に採用されるために，政治家とのコネを使った）
④ Jim pulled all kinds of wires to get the job.（ジムはその職を得るためにあらゆるコネを利用した）

2 顔が広い

① He **has** a **finger** in every pie.（彼は顔が広い）
② Bill **has contacts** everywhere.（ビルは顔が広い）
③ He **has** a **wide acquaintance base**.（彼は顔が広い）

「彼は顔が広い」の意味でよく使われる表現が,

　　He has a finger in every pie.

である。これは

　　He has his finger in every pie.

あるいは,

　　He has his finger in many pies.

とも言う。

この意味で同様に使われる単語を挙げると, acquaintances, contacts, connections 及び influence である。

そのほか, 下の例の⑧や⑪のように friends を使っても当然同じ意味を出せる。

◉ 類 似 表 現

① He **has** his **finger** in every pie.
② He **has** his **finger** in many pies
③ Jim **has** a large circle of **acquaintances**.
④ He **has** a wide circle of **acquaintances**.
⑤ Jack **has** many **connections**.
⑥ He **has** wide **contacts**.
　　＊contact: つて, コネ, 接触, 窓口
⑦ She **has** a lot of **contacts**.
　▷①～⑦は,「顔が広い」でほぼ同じ意味。

⑧ He **has** a lot of **friends** in the academic society.（彼は学界に顔が広い）

⑨ Tom **has** a lot of **influence** in the industry.（トムはその業界に顔が利く）

⑩ He **has influence** everywhere.（彼はあちこちに顔が利く）

⑪ He **has** lots of **friends** in politics.（彼は政界に顔が広い）

⑫ Do you think he **has** the president's **ear**?（彼は大統領に顔が利くと思いますか？）

▷大統領が彼の言うことに耳を傾けると思いますかの意味。

◉ 関 連 表 現

① He knows a lot of people everywhere.
② He is known everywhere.
③ He is widely known.
④ He is well known everywhere.

▷これらの表現は実に簡単だが，いずれも「彼は顔が広い」の意味で，会話ではごく普通に使われる。

3　注目を集める

① He **has** a low **profile** in this industry.（彼はこの業界では知名度が低い）
② He **has** a very high **profile** in the academic society.（彼は学会では知名度が非常に高い）
③ He **has** an established **presence** in the political world.（政界では彼の存在感は大きい）

profile は「注目度，目立ち具合」を意味し，low profile（目立たない態度，低姿勢）や high profile（目立つ態度，高姿勢）は日常生活やマスコミでもよく使われる。

profile は他の語とハイフンでつなげて形容詞として使うこともある。
- high-profile advertising 　　　　　「人目を引く広告」
- a candidate who has a high profile 「今話題の候補者」
- a high-profile company 　　　　　「知名度の高い会社」
- a guest who has a low profile 　　 「知名度の低いお客」

◉ 類 似 表 現

① The company **has** a very high **profile** in Japan.（この会社は日本では有名だ）

② The computer system **has** a comparatively low **profile**.（このコンピューター・システイムはあまり知られていない）

③ He is an economist who **has** a high **profile** in this field.（彼はこの分野では今注目されている経済学者だ）

④ The case **had** a very low **profile**.（その事件はあまり関心を引かなかった）

⑤ They opened a new store which now **has** a high **profile**.（彼らは新しい店を開設したが，その店は今注目を集めている）

⑥ With him, Jim **has** a hazy **appearance**.（彼と一緒だと，さすがのジムも影が薄い）

⑦ The boat **has** a **life** of its own.（その船はひときわ目立っている）
　　* have a life of *one's* own: 非常に目立つ，人目を引く

◉ 関 連 表 現

① He has assumed a low profile since he failed to be reelected.（彼は選挙に落選してから小さくなっている）

② She has maintained a high profile in the media.（彼女は今でもマスコミによく登場している）
③ Please try to keep a low profile around him.（彼のそばでは目立たないようにしてくださいね）

[6] 才能・特技

1 コツを知っている

① You seem to **have** the **knack** for using this machine.（君はこの機械の使い方のコツが分かったようですね）
② You would **have** the **hang** of it, if you listened to me.（僕のいうことを聞いてくれれば君だったらそのコツはすぐつかめるよ）

「コツを知っている」という表現をしっかり自分のものにするには，まず上の2つの表現と次の3つの単語を自由に使えるようにすること。
- the knack 「コツ，要領のよさ，才覚」 ▷定冠詞，不定冠詞どちらを使用してもよく，意味，ニュアンスは変わらない。
- the hang 「コツ，扱い方，呼吸，勝手」 ▷主として定冠詞が付く。
- the ropes 「コツ，秘訣，やり方，要領」 ▷常に定冠詞を付け，複数形で用いる。know the ropes（コツを知っている），learn the ropes（コツを学ぶ），show [teach]the ropes（コツを教える）の表現で使われることが多い。

◉ 類似表現

① She **has** her mother's **knack** for attracting people.（彼女は母親譲りの人を引き付けるコツを身に付けている）

② I'll **have** the **hang** of this job by the end of the week.（今週中にはこの仕事の呼吸が飲み込めるでしょう）

③ Finally I have **got** the **hang** of golf game.（ゴルフのことがやっと分かってきた）

④ Once you've **got** the **hang** of it, it's easy.（いったんコツをつかんでしまえば，後は簡単だ）

◉ 関連表現

① He now knows the ropes when it comes to using this machine.（今では彼はこの機械の使い方のコツを知っている）

② He knows the secret of using this machine.（彼はこの機械の使い方のコツを心得ている）

③ He knows how to swim with the tide.（彼は要領がいい／世渡りが上手だ）

▷潮の流れに沿ってうまく泳ぐ術を心得ている意味から。

④ He is a smooth operator.（彼は要領がいい／世渡りがうまい）

⑤ I'll show you the ropes.（君にコツを教えよう）

⑥ I've lost the hang of it.（コツを忘れてしまった）

⑦ You'll get into the swing of it with a little practice.（少し練習すれば，慣れてコツが分かる)。

　＊ get into the swing of: 慣れてコツをつかむ

▷swingは「うまく遣りこなす」意味の動詞を名詞化し「うまく遣りこなすコツ」を意味する。

2 記憶力がいい・悪い

> ① I'm **having** a senior **moment**. (度忘れした)
>   * senior moment: 年寄りの度忘れ
> ② He **has** a selective **memory**. (彼は都合のいいことだけを覚えている)
> ③ She **has** a **memory** like a sieve. (彼女は物忘れがひどい)

「彼は記憶力がいい」は，He **has** a good **memory**.
「彼女は記憶力が悪い」は，She **has** a bad **memory**.
でよい。

「物忘れが非常にひどい人」は，

● He **has** a **memory** [**mind, brain**] like a sieve. (ざるのような頭の持ち主だ)

と言う。

「都合のいいことだけを覚えていて，都合の悪いことはうまく忘れてしまう人」は，

● He **has** a selective **memory**.
  * selective: 選択の，(記憶が)自分の都合のいい

のように表現する。

「度忘れする」ことは誰にでもあり，したがってその表現も非常に多い。上の例にある名詞表現としての have a senior moment, 下の例にある動詞表現としての slip one's mind はしっかり覚えておきたい。

◉ 類似表現

① I **have** a short **memory**. (記憶力が悪い)
② I **have** a **mind** like a sieve. (物忘れが実に激しい)
③ He **has** a **brain** like a sieve. (彼は物覚えが実に悪い)

④ I don't **have** any **memory** of it.（それについては記憶がない）
⑤ He **has** a photographic **memory**.（彼は抜群の記憶力を持っている）
⑥ She **has** a poor **memory**.（彼女は記憶力が悪い）
⑦ She **had** a **memory** lapse.（彼女は度忘れした）
　　＊memory lapse: 度忘れ，記憶違い，記憶喪失
　　＊lapse: 過失，消滅
⑧ He **has** a fantastic[strong] **memory**.（彼は記憶力が非常にいい）

● 関 連 表 現

① It has slipped my mind.（度忘れした）
② It popped out of my head.（度忘れした）
③ My memory is going.（物忘れがひどくなってきた）
④ That's nothing but a distant memory now.（それは今となれば遠い思い出に過ぎない）
⑤ My memory must be faulty.（私の記憶違いでしょう）
⑥ I'm suddenly at a blank.（度忘れした）
　　＊at a blank: 頭の中が空っぽで
⑦ My mind has gone blank.（頭の中が真っ白になった）

3　能力がある

① He **has** an impressive **ability** to work out math problems.（彼は数学の問題を解く能力にたけている）
② She **has** an **aptitude** for language.（彼女は語学の才能がある）
③ He **has** the **ability** to train young athletes.（彼は若いスポーツ選手をうまく訓練する能力を持ち合わせている）

[6] 才能・特技

「能力」,「才覚」を表す単語は非常に多い。代表的なものを挙げると次の通り。これらは,すべてhaveの目的語になり,多彩な表現が可能となる。
- ability 「能力,才能,手腕」
- facility 「才,器用さ,腕前」
- faculty 「実務的能力」
- capacity 「生産能力,適合能力,法的能力」
- capability 「手腕,素質,性能,能力」
- aptitude 「適性,才能,素質,筋,器用さ」

◉ 類 似 表 現

① He **has** enough **ability** to communicate freely in English. (彼は英語で自由にコミュニケーションを取る能力がある)

② Mike **has** an **ability** to deliver. (マイクは話が上手だ)
　　＊deliver: 表現する,発表する,伝達する

③ He **has** no **capacity** for language. (彼は語学の才能がない)

④ She **has** the **capability** to work out household problems. (彼女は家庭内の問題を解決する手腕がある)

⑤ She **has** a hereditary **instinct** for music. (彼女は音楽に関する生来の才能を持ち合わせている)

⑥ Mike **has** a precise **mind**. (マイクは緻密な頭脳をしている)
　　＊mind: 知力,頭脳 (＝head)

⑦ He **has** a real **appreciation** of Japanese literature. (彼は日本の文学の理解力がある)
　　＊appreciation: 正しい認識,評価,観賞眼,真の理解

⑧ I **have** no **aptitude** for DIY. (私は日曜大工をする器用さを持ち合わせていない)
　　＊DIY: 日曜大工 (＝Do it yourself)

⑨ You **have** a pretty good **aptitude** for tennis.（君はテニスに関していい筋をしているね）

⑩ Ed **has** a **faculty** for doing two things at once.（エドは一度に二つ事をこなす能力を持っている）

◉ 関 連 表 現

① If you can **give** full **play** to your ability, you'll be able to make it.（あなたの能力を充分発揮できれば，合格できるでしょう）
- * give full play: 充分発揮する
- * make it: 成功する，うまくいく，合格する

② We'll **make** the final **selection** based on ability and aptitude.（我々は能力と適性を重要視して，最終決定をします）

③ We will introduce the merit-based personnel systems.（当社は能力主義の人事制度を取り入れる）
- * merit-based system: 能力主義制度

④ You will have to improve your competence in other languages.（外国語の能力を高めることが大切です）
- * competence: 能力（特に言語能力），適性

⑤ He is on the ball.（彼は有能である／彼は多才だ）
- * on the ball: 有能である

参考　He is not on the ball. 「彼は無能である」

[7] 成功・損得

1 成功する

① His debut work **had** a great **success**. (彼のデビュー作品は非常に受けた)
② We **had** a **breakthrough** in the plan. (その企画を推進する運びになった)
③ Jim will **have** a successful **career**. (ジムは出世するだろう)

　映画, 著作, 絵画などが「ヒットして成功する」は have a success, 「困難な状況を打開し, 事態がうまく収まる」は have a breakthrough, 仕事上「成功する, 出世する」は have a successful career がよく使われる。
　ここでは同時に have a bright future や関連表現をうまく活用できるようにしてほしい。

◉ 類似表現

① He **has** a promising **future** ahead of him. (彼には輝かしい未来がある)

② He **has** a bright **future**.（彼には輝かしい将来がある）
③ They **had** a smashing **success** in their new business.（彼らは新しい事業で大成功を収めた）
④ I'm sure they'll **have** a **shot** at the pennant race.（あのチームは間違いなくペナントレースに優勝すると思う）
　＊have a shot at: 〜で成功する，うまくやる，優勝する
⑤ I've never **had** much **success** with that pitcher.（あの投手に対しては成績がよくなかった／彼には総じて抑えられた）

◉ 関連表現

① It was a breakthrough.（それにより行き詰まりを打開した）
　＊breakthrough:《名》突破口，現状打破
② It was his breakthrough movie.（それは彼の出世作だった）
　＊breakthrough:《形》突破口となる，画期的な
③ They **made** a **breakthrough** after the night-long negotiation.（夜を徹しての交渉の結果，妥結した）
④ This movie drew a big crowd.（この映画は興行的に大当たりだった）
　＊draw: 引きつける，引き込む
⑤ This film was a washout at the box office.（この映画は興行的に大失敗だった）
　＊washout: 大失敗，失敗作品，失格者
⑥ He **made** his **way** in the world.（彼は自分の努力で出世した）
⑦ Though she is still young, she is a hit in business.（彼女はまだ若いが，仕事で成功した）
　＊hit:《名》大成功（者，物），大当たり
⑧ Mike made it big with hit products.（マイクはヒット商品で大成功した）
　＊make it big: 大成功する，一旗上げる

2 損をする

① You **have nothing** to lose.（騙されたと思ってやってみなさいよ）
② We **had nothing** to gain with all our efforts.（我々の努力はまったく無駄だった）
③ He **had** a heavy **loss** in stocks.（彼は株で大損をした）

have nothing to loseは「失うものは何もない」，すなわち「駄目もとだ」のニュアンスで，

● Give it a try.　You have nothing to lose.（やってごらんなさいよ。駄目もとではありませんか）

のように使われる。

一方，have nothing to gainは「得るものは何もない」，すなわち「百害あって一利なし」の意味で，

● You have nothing to gain from smoking.（喫煙は百害あって一利なし）

のように日常会話でもよく使われる。

have a gain「得をする」，have a loss「損をする」も形容詞をうまく使うことにより，活用範囲が非常に広くなる。

◉ 類 似 表 現

① We **have nothing** to lose either way.（どちらに転んでも損はない）
② He **had** a handsome **return** from his recent investment.（彼は最近行った投資でかなり儲けた）
③ I **had** equal **gain** and **loss** in my stock business last year.（昨年の株取引では，結局損得なしで終わった）
　▷makeを使って I **made** neither **profit** nor **loss** on the stocks last year. と言うこともできる。

④ A lovely woman **has advantage**. (美人は得だ)
　　＊ have advantage: 有利である，利点がある

◉ 関 連 表 現

① A wise person profits from his mistakes. (賢い人は転んでもただでは起きない)
② There is something to be gained. (何か得るものがある。やる価値がある)
③ He has lost all he had gained. (彼は元の木阿弥になった)。
④ Pennies make pound. (塵も積もれば山となる)
　▷僅かな利益でも，少しずつ貯めれば大金になるという意味。
⑤ No gain without pain. (蒔かぬ種は生えぬ)
⑥ He **made** a handsome **profit** in stocks. (彼は株で大儲けをした)
　　＊ make a profit: 利益を上げる，儲けを出す
⑦ She **made** a heavy **loss** in stocks. (彼女は株で大損した)
　　＊ make a loss: 損を出す，損する

[8] 自然・豊作

1 自然現象

① We **had** a heavy **frost** last night.（昨晩ひどい霜が降りた）
② They **had** a heavy **fall of snow** in Gifu.（岐阜では大雪が降った）
③ We **had** a heavy **rain** in Tokyo.（東京では大雨が降った）

多くの自然現象はhaveを使って表現できる。関連表現で挙げたItを使う場合と同様，表現幅を広げる意味で，うまく活用したい。

◉ 類似表現

① We **had** a dreadful **storm** yesterday.（昨日は猛烈な嵐に見舞われた）
② They **had** a disastrous **earthquake** there.（そこは壊滅的な地震に見舞われた）
③ We **have** a dry **spell** now.（長い日照りが続いている）
　＊ spell: 一続きの期間，しばらくの間
④ We **had** a dusting of **snow** yesterday.（昨日は雪がちらついた）
　＊ have a dusting of snow: 雪がちらつく
⑤ They **had** a big **tornado** in Texas.（テキサスで大きな竜巻があった）

⑥ That region **has** a high annual **precipitation**.（あの地域は年間降水量が多い）
  * precipitation: 降雨量，降水量
⑦ We **have** light **snowfall** here.（ここでは降雪量は少ない）
⑧ We **had** the first **snowfall** of the season.（初雪が降った）
⑨ We've **had** many **typhoons** this year.（今年は台風がよくきた）
⑩ We **had thunder** last night.（昨夜は雷が鳴っていた）
⑪ We **have** a **windy day** today.（今日は風が強い）
⑫ We **have** a humid **summer** in Japan.（日本の夏はむし暑い）
⑬ We **have** heavy **fog** today.（今日は濃い霧がかかっている）
⑭ They **had hail** in Osaka today.（今日大阪で雹が降った）

◉ 関 連 表 現

① Humidity level is very high today.（今日は湿度が高い）
② It's foggy today.（今日は霧がかかっている）
③ It's windy today.（今日は風がある）
④ It's rainy today.（今日は雨が降っている）
⑤ It's snowy today.（今日は雪が降っている）
⑥ It's sunny today.（今日は晴天だ）
⑦ It's chilly today.（今日は底冷えがする）
⑧ It's cloudy today.（今日は曇っている）
⑨ It's hot and muggy today.（今日は蒸し暑い）

2 豊作である

① We **had** a **good harvest** this year.（今年は豊作だった）
② We **had** a **good haul** this year.（今年は大漁だった）
③ We **had** a **good catch** this year.（今年は大漁だった）

自然の豊かな恵み「豊作，豊漁」は，have の目的語として
　a good harvest　　　a good vintage
　a good crop　　　　a good catch
　a good yield　　　　a good bag
　a good innings　　　a good take
などを使って表す。

- good harvest, good crop……主として農作物の豊作
- good haul, good catch……主として漁業の豊漁
  * haul [hɔ́ːl]: 1網の漁獲量
- good bag, good take……主として獲物が多く取れること
  * bag: 獲物を入れる袋
  * take: 獲物の収穫
- good vintage……ぶどうの豊作
  * vintage: ぶどうの収穫高

● 類 似 表 現

① We **had** a good **crop** of rice this year.（今年は米が豊作だった）
② They **had** a good **catch** of sardines this year.（今年のいわし漁獲量は多かった）
　* catch: 漁獲量
③ We are going to **have** a bumper rice **crop** this year.（今年は米が豊作になる見込みだ）

＊bumper crop: 豊作
④ This year we **had** a beautiful[fantastic] **harvest**.（今年は豊作だった）
⑤ We **had** a good **vintage** this year.（今年はぶどうが豊作だった）
⑥ They **had** a good **crop** of wheat.（小麦が豊作だった）
⑦ We **had** a bad **harvest** this year.（今年は凶作だった）
⑧ We **had** a bumper **year** of apples.（今年はりんごの当たり年だった）
　　　＊bumper year: 当たり年，豊年
⑨ We **had** a good fishery **yield** this year.（今年は大漁だった）
　　　＊yield: 出来高，収穫高，漁獲高

● 関 連 表 現

① It looks like we'll **get** a good rice **crop** this year.（今年は米が豊作のようだ）
② We **made** a **wish** for a good harvest.（豊作を祈願した）
③ They **made** a good **catch** up there this year.（北方では今年漁獲量が多かった）

[9] 物性・形状

1 物性を表す

① This fruit **has** a high calcium **content**. (この果物はカルシウム含有量が多い)
② This food **has** a low calorific **value**. (この食品は低カロリーだ)
③ This meat **has** a comparatively low fat **content**. (この肉の脂肪含有量は比較的低い)

　食べ物に関して，カルシウム含有量（calcium content）が高いとか，ビタミン含有量（vitamin content）が少ないとか，カロリー（calorific value）が高いなどを表現するときは，例文のようにhaveを使って簡単に表すことができる。

　同様に人口密度（population density）や死亡率（fatality rate）などもhaveを使って表現できる。

◉ 類 似 表 現

① This **has** a high calorific **content**. (これは高カロリー食品だ)
　　* calorific content = calorific value = calorie content = calorie

value

② This disease **has** a high fatality **rate**.（この病気の死亡率は高い）

③ This vegetable **has** a high mineral **content**.（この野菜はミネラルを多く含む）

④ Tokyo **has** a high population **density**.（東京は人口密度が高い）

⑤ This disease **has** a high **possibility** of infection.（この疾病は感染の可能性が高い）

　　＊infection: 感染

⑥ This **has** a high Vitamin C **conten**t.（これはビタミンC含有量が高い）

⑦ This **has** a high sugar **content**.（これは糖分含有量が高い）

　　＊sugar: 糖，糖質

> **参考**　fat（脂質），protein（蛋白質）

⑧ Sponge **has** a high water absorption **rate**.（スポンジは水の吸収率が高い）

　　＊absorption rate: 吸収率

⑨ This program **has** a high audience **rate**.（この番組は視聴率が高い）
　▷視聴率は audience rate のほかに，audience rating, program rating とも言う。

⑩ This **has** a lot of **calories**.（これはカロリーが高い）

⑪ Japan **has** a lot of **moisture** in summer.（日本の夏は湿度が高い）

⑫ The film **had** a lot of **substance**.（その映画は中身が濃かった）

　　＊substance: 内容，実態，実質，中身

⑬ Our new product **has** a lot of practical **uses**.（弊社の新製品は，非常に実用性が高い）

　　＊use: 用途，使用目的

◉ 関 連 表 現

① Please keep an eye on your calorie count.（カロリーに気を付けな

さい)

＊calorie count: カロリー摂取量

② This food is low in calorie content. (この食品はカロリーが低い)
③ This meat is comparatively low in fat content. (この肉の脂肪含有量は比較的低い)
④ This is high in Vitamin C content. (これはビタミンC含有量が高い)
⑤ It's high[low] in density. (それは密度が高い[低い])

2 形状を表す

① This vase **has** a unique **shape**. (この花瓶は独特の形をしている)
② The park **has** a neat **layout**. (この公園はレイアウトが素晴らしい)
③ It **has** a stable **configuration**. (それは安定した形状をしている)

形状を示す単語は多いが，次の語の意味と使用法は，例文を声を出して読むことにより身に付けてほしい。そうすれば自然に区別が理解できるようになるはず。

- shape……(まとまった)形状，形態
- layout……配置，割り付け，レイアウト
- configuration……(主として立体の)配置，形状，構造
- form……(一般の)形，形状，形態
- figure……形，形状，外観，姿
- appearance……形，姿，形状，様子
- geometry……(主として物の)形状，配列，配置

これらの言葉はすべてhaveの目的語として使うことにより，人や物の形，構造，配置等を簡単に表現できる。

● 類 似 表 現

① This **has** a **shape** very similar to a small boat.（これは小さな船によく似た形状をしている）
② This living room **has** a very friendly **layout**.（この居間は親しみやすい配置になっています）
③ It **has** a dragonfly-like **configuration**.（それはトンボの形状をしている）
④ This **has** a **form** of a butterfly.（これは蝶の形をしている）
⑤ That **had** a corrugated **appearance**.（それは波状をしていた）
⑥ She **has** a good **figure**.（彼女はスタイルがいい）
⑦ That building **had** a good **geometry**.（あの建物はいい形をしていた）
⑧ They would **have** a pleasing **appearance** when you put them together.（二つを一緒に置くと見栄えがする）
⑨ He **has** all the **appearances** of a Japanese person.（彼はどうみても日本人の風采だ）
⑩ He **has** a healthier **appearance** now.（彼は以前より健康そうだ）
⑪ This vase **has** a strange **design**.（この花瓶は変わった格好をしている）

● 関 連 表 現

① What is the layout of your house like?（君の家はどんな間取りですか？）
② They **gave** the store a new **shape**.（その店を改装した）
③ The layout we proposed will **take shape** sooner or later.（我々が提示した素案は，やがて何らかの形で目鼻が付くでしょう）
④ The inner configuration of the building was beyond description.（その建物の内部構造は筆舌に尽くしがたい立派なものであった）

[10] 故障・けが

1 故障・事故

> ① The chemical plant **had** a minor **breakdown** yesterday.（その化学工場で昨日ちょっとした故障が発生した）
>   ＊breakdown: 機械などの故障，機能停止
> ② He **had** a serious **accident** while on a business trip.（出張中に大きな事故に遭った）
> ③ On my way home, I **had** a flat **tire**.（家に帰る途中，自転車がパンクした）

「故障する」は，have a breakdown が最も広く使われ便利である。「事故に遭う」は，have an accident が広く使える。それぞれ故障の程度，事故の深刻度は形容詞で表せばよい。

「（自転車や自動車の）タイヤがパンクする」は，have a blowout や have a flat tire と have を使って簡単に表現できる。

▷blowout はパンク以外に，「ヒューズが飛ぶ」，「電球が切れる」，「水・ガス・油等の流出」等の意味もあり，故障や事故関連で広く使える。

◉ 類似表現

① On my way home, I **had** a **blowout**.（家に帰る途中，パンクした）

② We **had** a fuse **blowout** last night.（昨晩ヒューズが飛んだ）

③ She has so much stress, I think she may **have** a **blowout**.（彼女はストレスでパンクするかもしれないな）

▷blowoutはこのように比喩的に「パンク」の意味でも用いる。

④ My car is so old, maybe I will **have** a **breakdown**.（私の車は相当古いので故障するかもしれない）

⑤ They **had** an **accident** due to mechanical failure.（機械の故障により事故が発生した）

⑥ This air conditioner **has** mechanical **problems**.（このエアコンは機械的な故障がある）

◉ 関連表現

① My cellphone was out of order.（携帯電話は故障していた）

② Something is wrong with this computer.（このコンピューターの調子がおかしい）

③ What's wrong with your computer?（コンピューターのどこが故障しましたか）

④ This machine failed to operate properly.（この機械は正常に作動しなかった）

⑤ All our computers are down right now.（今すべてのコンピューターが故障している）

⑥ My computer broke down again.（コンピューターがまた故障した）

⑦ My tire got punctured by a nail.（タイヤに釘が刺さってパンクした）

　　* puncture: 〜をパンクさせる，〜に穴を開ける

2 傷・けが

> ① She **has** facial **injuries**. (彼女は顔をけがしている)
> ② He **has** a **scar** on his forehead. (彼は額に傷跡がある)
> ③ Jim **has** a **bruise** on his arm. (ジムは腕を打撲している)

　傷やけがに関する表現では，次の名詞をhaveの目的語にして大いに活用したい。広い意味では，
- injury……けが，負傷，損傷
- wound……外傷，心の傷

が最も頻繁に使われる。そのほか,「傷」や「傷跡」などを表す語には,
- blemish……傷，染み
- scar……傷跡，やけど跡
- bruise……傷，打撲傷，あざ

等がある。

● 類 似 表 現

① She **has** a small **blemish** on her face. (彼女は顔に小さな染みがある)
② He **had** this **injury** in a fall on a street. (彼は路上で転んでこのけがをした)
③ Mike **had** a minor **injury** on his face yesterday. (昨日マイクは顔にちょっとしたけがをした)
④ I've **got** a **bruise** on my right arm. (右腕にあざができた)
⑤ He **has wounds** all over his body. (彼は満身創痍だ)
⑥ Mike **had** a minor **wound** to his right hand. (マイクは右手に小さな傷を負った)

● 関 連 表 現

① How did you **get** this **scar**?（この傷跡はどうしてついたんだ？）

② Jim got severely wounded in a traffic accident.（ジムは交通事故で重症を負った）

③ He got bruised on his leg.（彼は脚に打撲症を負った）

▷上記2例のgetの使い方にも慣れてほしい。現代英語の受動態はbe動詞に代わって、より頻繁にgetを使う傾向がある。よりダイナミックな効果を出すことができる。

④ You wounded me deeply.（私の心をひどく傷つけた）

⑤ If I wound your ego, I'm sorry.（あなたのプライドを傷つけたら、謝ります）

　　＊ ego: 自尊心，プライド

⑥ His wound healed quickly.（彼の傷はすぐに治った）

⑦ A wounded reputation is seldom cured.（いったん傷ついた信用は、なかなか回復できない）

⑧ His work is free from blemishes.（彼の作品には一点の非の打ち所もない）

　　＊ blemish: 欠点，欠陥

⑨ It's adding insult to injury.（それは泣き面に蜂だ／踏んだり蹴ったりだ）

▷最後の3例は「傷，けが」とは直接の関係はないが、この項で一緒に覚えておいてほしい。

[11] 理容に関する表現

1 床屋・美容院で

① I **had** a **haircut** yesterday.（昨日散髪をした）
② Do you want to **have** a **shampoo**, too?（洗髪もしますか？）
③ May I **have** only a **shave** today?（今日はひげだけ剃ってもらえますか？）

床屋・美容院で使う表現には,
- 「散髪をする」　　　　have a haircut
- 「洗髪する」　　　　　have a shampoo
- 「ひげをそる」　　　　have a shave
- 「パーマをかける」　　have a perm
- 「マニキュアをする」　have a manicure

などがある。理容関連の表現では基本動詞,特にhaveが重要な働きをする。

◉ 類 似 表 現

① I **had** a **perm** yesterday.（昨日パーマをかけた）

② I **had** a **manicure** yesterday, too.（昨日マニキュアもしてもらった）
③ She **has** a nice **hairdo**.（彼女は魅力的な髪型をしている）
　　＊hairdo: ヘアスタイル，髪型
④ You've **got** a trendy **hairdo**.（最近流行の髪型をしていますね）
⑤ He **has** a **buzz-cut**.（彼は坊主頭だ）
⑥ He **had** a close **crop**.（彼はくりくり坊主になった）
⑦ He **had** a close crop **haircut**.（彼はくりくり坊主になった）
　▷buzz-cut, close crop, close crop haircut はすべて「坊主頭」の意。

◉ 関 連 表 現

① I **give** myself a **manicure** every day.（毎日マニキュアをする）
② Could you **give** me a **perm**?（パーマをかけてください）
③ Could you **give** me only a **shave**?（ひげだけ剃っていただけませんか）
④ Could you **give** me a **shampoo**, too?（洗髪もよろしくお願いします）
⑤ I just want a trim.（カットだけお願いします）
⑥ Please **give** my hair a **trim**.（カットをお願いします）
⑦ I **got** my hair **trimmed**.（カットしてもらった）
⑧ Could you trim my hair?（カットしていただけますか）
⑨ I **gave** myself a **shampoo** yesterday.（昨日頭を洗った）
⑩ This razor shaves well.（このかみそりはよく剃れる）

2　いろいろな「ひげ」

① If I were a man, I would **have a beard**. (私が男だったらあごひげを生やすでしょうね)
② He **has whiskers** on his chin. (彼は頬ひげを生やしている)
③ He **has a moustache**. (彼は口ひげを生やしている)

顔のひげは，通常次の三種類に分けられる。
- beard 　　　「あごひげ」
- whisker 　　「頬ひげ」　▷普通複数形で使う。
- moustache 「口ひげ」　▷フランス語からきていて，アメリカではmustacheとつづることが多い。

ひげが「生えている」はhaveで表現できる。そのほかにはwearも使える。ひげを「生やす」場合はgrowを使う。

◉ 類 似 表 現

① He **has** a false[fake] **beard**. (彼はつけひげをしている)
② Jim **has** a stubbly **beard**. (ジムは無精ひげを生やしている)
③ He **has** a thick **beard**. (彼は濃いあごひげを生やしている)
④ Mike **has** a fast-growing **beard**. (マイクのひげは伸びるのが早い)
⑤ Ed **has** a shaggy **beard**. (エドはもじゃもじゃのあごひげを生やしている)
⑥ Jack **has** a **goatee** (**beard**). (ジャックはヤギひげを生やしている)
　　* goatee (= goatee beard): ヤギひげ
⑦ He **has** a thin **moustache**. (彼はどじょうひげを生やしている)
⑧ He **has** a toothbrush **moustache**. (彼はちょびひげを生やしている)
⑨ He **has** an unconvincing **moustache**. (彼は貫禄のない口ひげを生やしている)

◉ 関 連 表 現

① May I **have** a **shave**, please?（ひげを剃ってください）

② Please **give** me only a **shave**, today.（今日はひげだけ剃ってください）

③ I **got** a **shave** there today.（今日あそこでひげを剃ってもらった）

④ The firm came within a whisker of bankruptcy.（その会社は倒産の危機に陥った）

⑤ They got whisker-close to bankruptcy.（彼らは倒産の危機に陥っていた）

⑥ We **got** the **win** by a whisker.（間一髪で試合に勝った）

　　＊ whisker: 僅かの差。この単語は④〜⑥の例文のように「僅差」の意味でよく日常会話で使われる。ここであわせて覚えておこう。

［12］日常生活で役立つ表現のいろいろ

1　食べる・飲む

> ① We **had** a good **meal**.（十分いただきました。おいしかったです）
> ② Would you like to **have** some **coffee**?（コーヒーはいかがですか？）
> ③ Let's **have** a **beer**.（ビールを飲もう）

　日常会話では「食べる，飲む」の意味でhaveが一般的に使われることはご存じの通り。これは分かっていても，日本人はhaveがうまく活用できず，eatやdrinkを多用している。次の類似表現も参照し，もっとhaveをうまく使ってやさしく自然な英語になるように心掛けよう。

● 類 似 表 現

① We **had** a stand-up **meal** today.（今日は立ち食いだった）
② He **had** a big **breakfast**.（彼は朝食をたっぷり食べた）
③ Let's **have** brunch.（ブランチをとろう）
④ Let's **have** a **cognac** after dinner.（食後にコニャックを飲みましょう）
⑤ I **have** a bad **appetite** today.（今日はあまり食が進まない／食欲があ

まりない）

⑥ He **has** a keen **appetite**.（彼は食欲旺盛だ）

⑦ Let's **have** a **drink** before going home.（一杯やって帰ろう）

⑧ They **had** a **drink** in desperation.（彼らはやけ酒を飲んだ）

⑨ I usually **have** a **drink** at dinner.（通常晩酌する）

⑩ We **had** a drinking **party**.（皆で酒盛りをした）

⑪ I'd like to **have** Chinese **food** today.（今日は中華料理を食べたい）

⑫ It **has** a harmful **effect** when you mix drinks.（ちゃんぽんで飲むと体によくないよ）

⑬ He **had** a **bite** at the snack bar.（彼はスナックで軽食をとった）
　　＊ have a bite: 一口かじる, 軽食をとる

◉ 関連表現

① "Can I **have** a **bite**?"（「一口いただけますか？」）
"Sure, help yourself."（「どうぞ, ご自由にお取りください」）
　　＊ help yourself to: 〜を自由に食べる, 自由に飲む

② How about a beer or two after work?（仕事が終わったら, ちょっと一杯やっていかない？）

③ Please **give** it a **stir** before tasting it.（食べる前にかき混ぜてください）

④ **What** do you usually **take** for breakfast?（朝食にはふだん何を食べますか？）

⑤ It tastes good. I think I will **take** another **bite**.（これはおいしい。もう一口いただこうかな）

2 経験する

① I **had** a bad **time** of it.（ひどい目に遭った［不愉快だった］）
② I **had** a good **time**.（楽しい時を過ごした）
③ I **had** a lively **time**.（はらはらした）

「ひどい目に遭う」have a bad time（of it），「楽しく過ごす」have a good time（of it），及びその応用表現は，日常会話で多用される。ここでも形容詞をうまく使うことにより，いろいろ微妙な内容を持つ表現が可能になる。

◉ 類 似 表 現

① I **had** an awful **time** of it.（ひどい目に遭った）
② I **had** a terrible **experience** today.（今日はひどい目に遭った）
③ I **had** a bad **experience** at school yesterday.（昨日は学校でいやな目に遭った）
④ I **had** a hard **time** of it.（大変な経験をした）
⑤ I **had** a fine **time**.（素晴らしい時を過ごした）
⑥ I'm sure we'll **have** a good **time** today.（今日はきっと楽しい時間が過ごせるでしょう）
⑦ I **had** a rare old **time** of it.（素晴らしい時を過ごした）
　▷やや古風な言い方。
⑧ I **had** a wicked［wonderful］**time** today.（今日は楽しかった）
⑨ **Have** a great **time**.（楽しんでいらっしゃい／行ってらっしゃい）
⑩ Please **have** a good **day**.（よい一日を！／行ってらっしゃい）
⑪ I'm **having** a bad **day**.（今日はついていない）
　　＊ have a bad day: ついていない
⑫ We **had** a great **time** playing golf with our friends in Kyushu.（九

州では友達とゴルフをしてすごく楽しかった）
⑬ I **had** a good **trip** to Canada.（カナダへの旅行は素晴らしかった）
⑭ Jim has **had** no **taste** of poverty.（ジムは貧乏をした経験がない）
⑮ He **has** a broad **exposure** to various aspects of international business.（彼は国際取引のいろいろな分野で幅広い経験をしている）

● 関連表現

① He has tried his hand at many different jobs.（彼は様々な仕事を経験してきた）
　＊ try *one's* hand: 経験する，挑戦する，手を出す
② We are now going through the worst monetary crisis in one hundred years.（我々は100年に一度の金融危機を経験している）
③ She suffered her first major setback.（彼女は初めて大きな敗北を経験した）
　＊ suffer：（嫌なことを）経験する
　＊ setback: 敗北，後退
④ It underwent a dramatic change.（それは劇的な変化を経験した）
⑤ He has been through a great hardship.（彼は厳しい苦難を経験してきている）

3　催す・開く・行う

① They **had** a big wedding **reception**.（彼らは盛大な結婚披露宴を開いた）
② We **had** a big **party** yesterday.（昨日は盛大なパーティーを開いた）
③ We'll **have** a **get-together** to welcome the new manager

tonight.（新任課長の歓迎会を今晩開きます）

▷get-together: 近所の集まり，食後の集い，小パーティー，親睦会，飲み会，寄り合い，会合など，非公式な集まりに幅広く使われる

　「パーティーを催す」，「クラス会を開く」や「結婚式を行う」などは日常よく使われる表現だが，すべてhaveで表すことができる。すなわちhave a party, have a reunion, have a weddingなどである。これらの表現は基本動詞giveを使っても言えるので，その使い方に関しては関連表現の例文を参照のこと。

◉ 類 似 表 現

① She **had** a birthday **party** yesterday.（彼女は昨日誕生日会を開いた）
② We **had** a high school class **reunion** last Sunday.（先週の日曜日に高校のクラス会があった）
③ They **had** a church **wedding**.（彼らは教会で結婚式を挙げた）
④ We are going to **have** a dinner **party** next Sunday.（今度の日曜日に夕食会がある）
⑤ Let's **have** a **get-together** to send him off on Friday.（彼の送別会を金曜日に開こう）

◉ 関 連 表 現

① We will **give** a garden **party** next Sunday.（来週の日曜日にガーデン・パーティーを開きます）
② She **gave** a small wedding **breakfast** at home.（彼女はささやかな結婚披露宴を自宅で開いた）
　　＊breakfast: 午後1時前に開かれる結婚披露宴
③ They **gave** a big dinner **party** at a hotel for their wedding

anniversary.（二人は結婚記念日の晩餐会をホテルで盛大に行った）
④ A **presentation** of the new product will be **made** tomorrow at the hotel.（新製品の説明会が明日ホテルで行われる）
⑤ They will **give** a **presentation** of the new product tomorrow at the hotel.
⑥ A presentation of the new product will **take place** tomorrow at the hotel.
▷④〜⑥は同じ意味。

4 感覚表現

① This **has** a good **odor**.（いいにおいがする）
② This **has** a distinctive **flavor**.（独特の風味がある）
③ This **has** a soft **feel**.（手触りが柔らかい）

五感（臭覚，触覚，味覚，聴覚，視覚）に関連した表現は，五感を示す単語をhaveの目的語として表すことができる。ここでも形容詞をうまく選ぶことにより，表現幅は大きく広がる。

◉ 類似表現

① This **has** a fishy **smell**.（これは魚臭い）
② It **has** a sickening **odor**.（それは吐き気を催すにおいがする）
③ He **has** a strong body **odor**.（彼は体臭がひどい）
④ It **has** an offensive **odor**.（それは嫌なにおいがする）
⑤ He **has** poor **eyesight**.（彼は視力が弱い）
⑥ She **has** poor **vision**.（彼女は視力が弱い）
⑦ This **has** a fishy **taste**.（これは生臭い味がする）

⑧ It **has** a salty[sweet] **taste**.（それは塩辛い［甘い］味がする）
⑨ That **has** a bitter **taste**.（それは苦い味がする）
⑩ It **has a taste** of lemon.（それはレモンの味がする）
⑪ A snake's skin **has** a distinctive **feel**.（ヘビ皮は独特の手触りがある）
⑫ He **has** a keen **sense of hearing**.（彼は聴覚が優れている）

● 関連表現

① I know exactly what it feels like.（その気持ちはすごくよく分かる）
② I have never held a snake in my life, but that's what I think it feels like.（私は今までヘビをつかんだことはありませんが，もしヘビをつかんだらこんな感じだろうなと思いますね）
③ I **got** some negative **vibes** from him.（彼からあまりいい感じは受けなかった）
　　＊ negative vibes：うまが合わない感じ，しっくりしない感じ
④ It gives off a foul odor.（それは悪臭を放っている）
⑤ You don't sound so sure.（あまり確信がないようだね）

[13] 困難・苦労

> ① We **have** a hard **time** making both ends meet.（なかなか収支が合わず家計が苦しい）
> ② I **had** a difficult **time** coping with it.（その問題の処理に苦労した）
> ③ He **had difficulty** breathing last night.（昨晩彼は呼吸困難になった）

「～するのに苦労する」，「～するのに手こずる」，「なかなか～できない」を表現するには，

- have a hard time ～ing
- have a difficult time ～ing
- have difficulty ～ing
- have trouble ～ing

がよく使われる。通常，上2例のように形容詞を伴うと冠詞が付き，下2例のように形容詞を伴わない場合は無冠詞になる。

◉ 類似表現

① They **have** a hard **time** bringing up their children.（子育てに苦労している）
② He is **having** a difficult **time** finding a job.（彼は就職先を見つけるのに苦労している）

③ Mary **had** a hard **time** with the language when she came to Japan.（メアリーは日本に来た時，言葉の問題で苦労した）
④ I **have difficulty** digesting nuts.（ナッツはなかなか消化しない）
⑤ She **has difficulty** falling asleep.（彼女はなかなか寝つけない）
⑥ They **have difficulty** in raising the funds.（資金の調達に苦労している）
⑦ I **had** a tough **time** working out the problem.（その問題を解くのに苦労した）
⑧ We **had trouble** communicating with them in English.（英語で彼らと対話するのに苦労した）
⑨ I **had trouble** remembering his name.（彼の名前がどうしても思い出せなかった）
⑩ She **has** an awful **time** sleeping every day.（彼女は毎日眠るのに苦労している）
⑪ He **has** a rough **time** at work.（彼は仕事で大変な目に遭っている）
⑫ They seem to **have** cash-flow **problems**.（資金繰りに苦労しているようだ）
　＊cash-flow: 資金繰り

◉ 関 連 表 現

① It's really hard to keep track of what's going on.（現状をしっかり把握していくことは大変難しい）
② It does take an awful lot of effort to keep track of what's going on in Iraq.（イラクの現状を常時正確に把握しようとすることは大変な苦労だ）
③ He seems to be hard up for money.（彼はお金の問題で非常に苦労しているようだ）
④ I got lost for words.（適当な言葉が見当たらず困った）
⑤ I don't know where to look.（目のやり場に困る）

[14] 優劣を表す言い方

① We **have** a slight **edge** on them.（我々の方が彼らより少し優勢だ）
② I **have** a sizable **lead** on them.（私が彼らに対し相当リードしている）
③ We **have** a built-in **advantage** over them.（我々の方が彼らよりもともと優勢だ）

優劣を表す言葉はいろいろあるが，よく使われる単語は次のとおり。
● edge……優位，優勢，強み，有利な状況
● lead……先頭，首位，優勢
● advantage……優位，有利，強み

これらの単語が基本動詞 have の目的語となり，優劣度の程度に応じふさわしい形容詞を付けることにより幅広い表現ができる。

また，「一歩有利なスタートを切る」，「幸先のよいスタートを切る」は，have a head start や have a good start で簡単に表現できる。

◉ 類 似 表 現

① He **had** a head **start** on the first day of the game.（彼は試合の初日に一番で好スタートを切った）
② She **had** a good **start** on her rivals.（彼女は競争相手よりも幸先のよいスタートを切った）

③ We **have** the **edge** in number.（数においては我々の方が勝る）
④ We **have** a slight **edge** in the most advanced information technology.（最先端の情報通信技術においては，我が社がわずかながら優位な立場にある）
  * most advanced: 最先端の
  * information technology: 情報通信技術
⑤ Now I **have** a **leg up** on him.（今は私の方が彼より一歩勝っている）
  * have a leg up on: 〜より優勢である，〜の一歩先を行っている
⑥ We **have** the **advantage** of our youth.（若さの点が強みである）

● 関連表現

① The low production cost **gives** us an **edge** in this industry.（製造コストが安いので，この業界で我々は有利な立場にある）
② It's always deflating when the other team comes back to a tie or when they **take** the **lead**.（相手のチームが挽回して同点にしたりリードしたりすると，気落ちするものだ）
③ Will you please **give** him a **leg up**?（彼のために一肌脱いでやってくれませんか？）
  * leg up: 援助，手助け ▷人が馬に乗るのを足を持ち上げて手助けすることより派生した表現。
④ **Take** the **lead**, and you will win.（先んずれば人を制す）
⑤ He **gave** Japan a 1-0 **lead** with his goal.（彼がゴールを決めて，日本に1-0のリードをもたらした）

[15] 予定・約束

① Do you **have** any **plans** this evening?(今晩何か予定している?)
② I **have** quite a busy **schedule** today.(今日は予定がぎっしり詰まっている)
③ I **have** a prior **engagement** tonight.(今晩は先約があります)

「予定がある」,「約束がある」は,haveの目的語として次の言葉を使って表現する。
- plan……予定,計画,意向
- schedule……日程,予定,計画
- date……予定,約束,デート
- engagement……約束,予定
- appointment……人と会う約束,面会,予約
- commitment……確約,約束,言質

◉ 類 似 表 現

① He **has** other **plans** on Sunday.(日曜日,彼はほかに予定していることがある)
② I **have** quite a tight **schedule** today.(今日は予定がぎっしり詰まっている)
③ I'm sorry but I **have** another **engagement** this evening.(ごめん

[15]予定・約束

なさい。今晩別の約束があります）

④ I **have** a business **engagement**.（今日は商用がある）

⑤ I'm **having** a lunch **date** with him.（彼と昼食の約束がある）

⑥ I **have** an **appointment** to meet him at one o'clock.（1時に彼と会う約束がある）

◉ 関 連 表 現

① We are running behind schedule.（予定より遅れている）

② I **made** a firm **promise** to help him.（彼を援助すると固く約束した）

③ You **gave** me your **word**.（君は私にはっきり約束した）

④ Please **give** me your **word** you won't be late this time.（今回は遅れないと私に約束してください）

⑤ How are you fixed for next Saturday?（今度の土曜日，何か予定ある？）

⑥ I expect company this afternoon.（今日の午後来客の予定がある）
　　＊ company: 来客，訪問者

⑦ That would upset my plan.（そうなると予定が狂ってしまう）

⑧ I **have nothing on** this afternoon.（今日の午後は予定が何も入っていない）
　　＊ have nothing on: 予定が入っていない

⑨ The law will come into effect as of next January.（この法律は来年1月に施行される予定だ）

⑩ I **gave** them no **commitment** on the subject.（その件では彼らに何ら約束していない）

⑪ It is necessary to make an appointment with him in writing.（文書で彼との面会を申し出ることが必要だ）

[16] 見直す

① Now I **have** a better **opinion** of my husband.（夫を見直した）
② Now I **have** a higher **opinion** of him.（今では彼も捨てたものではないと思っている／彼を見直した）
③ We need to **have** a new **look** at this system.（この制度の見直しが必要だ）

人や国を「見直す」を意味する大変便利な表現は，

 have a better［higher］opinion of ...

である。人，物，制度などを「見直す」場合には，

 have a new［another］look at ...

を使って表現したい。応用編として have a facelift や have a reform も，下に挙げた例を参照してしっかり覚えてほしい。

◉ 類 似 表 現

① This issue needs to **have** a sweeping **reform** from the government.（これは政府の抜本的な見直しが求められている）
② The store now **has** a totally new **look**.（その店は今ではすっかり概観が変わってしまった）
③ The shop is going to **have** a **facelift** in April.（その店は4月に改装予定だ）

* facelift: 美容成形，建物の改装，模様替え，街の新開発

◉ 関 連 表 現

① I've changed my opinion of you.（君を見直したよ／君を見損なったよ）

▷「君を見直した」という良い意味にも，「君を見損なった」という悪い意味にも使う。

② I'm seeing you in a new light.（君を見直したよ）
③ I think better of you than I did before.（見直したよ）
④ They **gave** the store a new **look**.（店は装いも新たになった）
⑤ This terminal will **get** a major **facelift** next year.（この駅は来年大々的な改装が行われる）
⑥ This store will **get** a full **makeover**.（この店は全面的に改装される）
⑦ We are going to renovate our kitchen.（台所を改装する予定だ）
⑧ I'm going to refurbish the kitchen next month.（来月台所の模様替えをする予定だ）

　　* refurbish: 改装する，改造する，一新する

⑨ We need to **take** a fresh **look** at the legislation.（法律を見直す必要がある）

[17] 不満・苦情

① If you **have** a **problem** with it, tell me.（それについて不満があるなら私に言ってくれ）
② If you **have** a bad **word** to say about the decision, please feel free to air it.（その決定に不満なら，はっきり言ってくださって結構よ）
③ If you **have** a **bone** to pick with me, please bring it to me directly.（私に不満があるなら，直接私に言ってね）

「不満がある」，「苦情がある」は日常会話でしばしば使われるが，そうした場合には下の3表現をまず思い出してほしい。
● have a problem with……～のことで困っている
● have a bad word to say about……～について不満がある［悪く言う］
● have a bone to pick with……～に文句［不平］がある

◉ 類 似 表 現

① He **has** a **beef** about the decision.（彼はその決定に不満がある）
　＊beef:《名》不平，不満，苦情　《動》不平を言う，苦情を言う。アメリカの若者がよく言う表現。
② I **have** a **beef** with him about the decision.（私はその決定に関し彼に不満がある）
③ If you have a beef, bring it to me.（不満があるなら私に言って）

④ I **have** a **bone** to pick with you about what you said about me in the meeting.（君が会議で僕について発言したことに関し，君に文句がある）

⑤ One thing I can say about her is she never **has** a bad **word** to say about you.（彼女に関しはっきり言えることは，彼女はあなたについて悪口を決して言わないということだ）

⑥ We **have** a **gripe** about the present income tax.（今の所得税には不満がある）
　　* gripe:（特に英国）《名》不満，不平

⑦ I **have** no **complaints** about the outcome.（この結果に不満はない）

⑧ I **have** no **reason** to complain about it.（それについて不満はありません）

◉ 関 連 表 現

① Discontent is the first step in progress.（不満は進歩の第一歩）
　　* discontent: 不満，不平

② If you **have** a **bone** to pick with her, why don't you just get it off the chest and talk to her?（彼女に文句があるのなら，正直に彼女に胸の内を話したら）

③ She is unhappy with her marriage.（彼女は結婚生活に満足してない）

④ He is discontent with his current position.（彼は今の地位に不満だ）

⑤ Can you tell me what's the problem[issue]?（何が不満か話してくれませんか）

⑥ Don't gripe about it.（あまり小言ばかり言うな）

[18] 欲求・渇望

① I **have** an **itching** to study abroad.（留学したくてたまらない）
② I **have** an **itch to** have a job abroad.（外国で働きたくてたまらない）
③ I **have** a serious **desire** to go abroad.（海外へ出たくてたまらない）

「〜したくてたまらない」と言いたい場合，次の表現をまず思い出してほしい。

- have an itch[itching] to ...
- have a serious[burning] desire to ...
- have a wild urge to ...
- have a compulsion to ...
- have a good mind to ...

さらに名声欲，権力欲，知識欲，食欲などを言い表すのに，下に挙げた多くの表現を参照しうまく活用してほしい。この表現ではどんな形容詞を使うかがキーになる。

◉ 類似表現

① He **has** a burning **desire** to get even with his friend.（彼は友達に対し復讐の念に燃えている）

　　* get even with: 〜に仕返しする，復習する

② He **has** a strong **desire** to hoard everything.（彼は所有欲が実に強い）

* hoard: ためこむ，買いだめする
③ I **had** a wild **urge** to eat sushi.（私はすしが無性に食べたくなった）
   * wild urge: 無性に〜したいという衝動
④ She **had** a **compulsion** to buy it.（彼女はそれを買いたいという抑えがたい衝動に駆られた）
   * compulsion: 抑えがたい衝動
⑤ She **has** a **hunger** for fame as a movie star.（映画俳優としての名声を渇望している）
⑥ He **has** a **hankering** for power.（彼は権力欲にとりつかれている）
   * hankering: 渇望，熱望
⑦ She **had** a sudden **craving** for ice cream.（彼女は突然アイスクリームが欲しくてたまらなくなった）
   * craving: 切望，熱望
⑧ Jack **has** a burning **thirst** for knowledge.（ジャックは知識欲に燃えている）
⑨ I **have** a good **mind** to take you home.（家に連れて帰りますよ）
   ▷親が子供に「いうことを聞かないと連れて帰る」というときによく使われる言い方。

● 関 連 表 現

① I would give anything to study abroad.（何としても留学したい）
② I'm dying to study abroad.（留学したくてたまらない）
③ I'm dying for a cigarette.（たばこが吸いたくてたまらない）
④ I can't wait for spring.（春が待ち遠しくてたまらない）
⑤ She is eager to have grandchildren.（彼女は孫が欲しくてたまらない）
⑥ I would give my right arm[leg] to work for a TV station.（テレビ局で働けるのなら何だってするよ）
   * would give *one's* right arm[leg]:「どんなことをしても〜したい」という意の口語的な言い方。

[19] 衝動に駆られる

① I **had** a strong **urge** to run away. (逃げ出したい強い衝動に駆られた)
② She **had** a sudden **compulsion** to open his bag. (彼女は彼のかばんを開いてみたい強い衝動に突然駆られた)
③ She **had** an uncontrollable **desire** to eat the cake. (そのケーキを食べたいという抑えられない衝動に駆られた)

「衝動に駆られる」と言いたいときには、haveの目的語として次の単語を選び、的確な形容詞を使って衝動の程度を表す。
- urge……強い衝動
- compulsion……抑えがたい衝動
- instinct……本能的行動
- strong desire……無性にしたい気持ち
- strong temptation……たまらない衝動

◉ 類 似 表 現

① She **had** a powerful **desire** to eat it. (彼女はそれを食べたい気持ちに駆られた)
② He **has** a strong **desire** to get ahead. (彼は出世したい気持ちに駆られている)

③ She **had** a strong **temptation** to eat it.（彼女はそれを食べたい気持ちに駆られた）

④ He sometimes **has**[**feels**] an **urge** to run away from reality.（彼は時々現実逃避したい衝動に駆られる）

⑤ I **have** a frequent **urge** to urinate.（頻繁に尿意を催す）

◉ 関 連 表 現

① She was driven to shoplift the bag.（彼女は衝動に駆られてバッグを万引きした）
   * be driven to: 衝動に駆られて〜する
   * shoplift: 万引きする

② She failed to fight off the urge to eat it.（それを食べたいという衝動に負けてしまった）

③ I was seized by the maddening desire to buy it.（それを買いたい強い衝動に駆られた）
   * maddening: 気を狂わせるような

④ I **got** an **urge** to **take** a **trip**.（ふと旅に出たい衝動に駆られた）
   * take a trip: 旅に出る, 旅行する

⑤ It is instinctive to **have courage** when others are in trouble.（誰かが困っていると本能的に勇気が出るものだ）

[20] 権利・義務がある

① Children **have** a **right** to attend school. (子供は学校へ通う権利がある)
② They **have** a **duty** to attend school, too. (子供は学校に通う義務もある)
③ We **have** an **obligation** to pay taxes. (我々には納税義務がある)

「権利がある」は，have a right to,「義務がある」は，have a duty to, あるいは have an obligation to の形が使われる。それぞれ to の後は動詞がくる場合もあれば名詞がくる場合もあり，ここに挙げた例文を参照にして自由に使えるようにしてほしい。

◉ 類 似 表 現

① We **have** an **obligation** to **take** a **stand** on the issue. (我々はその問題に関し，態度をはっきりさせる義務がある)
　　＊ take a stand: 態度をはっきりさせる
② We **have** a **right** to equality of opportunity. (我々は機会均等の権利を有する)
③ We all **have** a **right** to freedom of speech. (我々はみな言論の自由という権利を有する)
④ We all **have** a **right** to enjoy freedom of speech. (我々は皆言論の

自由を享受する権利を有する）
⑤ We **have** a **say** in the investigation.（その調査に関しては，我々は発言する権利がある）
⑥ Everybody **has** a **right** to demand fair and equal treatment.（何人も公平で平等な扱いを求める権利を有する）
⑦ I **have** a **liberty** to speak out on this matter.（私にはこの件に関し発言する自由がある）
▷ I am at liberty to ... とも言う。
⑧ You **have** no **authority** to say so.（君にはそんなことを言う権利はない）
⑨ We've **got** an **obligation** to our children.（我々は子供たちに義務がある）
⑩ I **have** a **requirement** to carry it out.（それを実施することを義務付けられている）

● 関連表現

① What **right** does he **have** to say that?（何の権利があって彼はそんなことを言うのだ）
② What **right** have you **got** to take it out on me?（君は何の権利があって私に八つ当たりするのか）
  * take it out on someone: 〜に八つ当たりする，〜に腹いせをする
③ I **have** a **right** to know, too.（私にも知る権利がある）
④ We are entitled to inspect the document.（我々はその書類を調べる権利がある）
⑤ It is made compulsory to show the country of origin of any imported goods.（輸入品にはすべて原産地を明示することが義務付けられている）

[21] 危機一髪

① I **had** a narrow **escape** from death.（危機一髪で助かった）
② I **had** a close **shave** with death.（危機一髪で助かった）
③ I **had** a close **call** with death.（危機一髪で助かった）

「危機一髪で」死を逃れた，事故を回避できたと表現する場合の定型は，次の3つである。
- have a narrow escape from[with] ... ……辛うじて～を逃れる
- have a close shave with ... ……辛うじて～を逃れる
- have a close call with[from] ... ……（際どい判定でセーフとなるの意より）辛うじて～を逃れる

escape, shave及びcallのほかに，touch, brush, squeeze, close-set, near missなど，類似表現や関連表現で示した使い方も，是非覚えておきたい。

● 類 似 表 現

① I **had** a hairbreadth **escape** from death.（危機一髪で助かった）
② I **had** an **escape** from death by a hair's-breadth.（危機一髪で死を免れた）
▷hairbreadthもhair's-breadthも「かろうじて」の意で同じように使われる。

③ The plane **had** a near **miss**. (その飛行機はニアミスを起こした)
   * near-miss: 航空機の異常接近
④ They **had** a near **touch**. (際どいところで事故を免れた)
   * near touch: 危機一髪, 際どい接近
⑤ I **had** a close **call** of it. (九死に一生を得た)
   * have a close call: 九死に一生を得る, あやういところで助かる
⑥ I **had** a **brush** with death. (死にそうな目に遭った)
   * brush:「軽く触れること」が原義で, ここでは「死と隣り合わせになる」意味。
⑦ I **had** a close **brush** with death. (もうちょっとで死ぬところだった)
⑧ He **had** a near **squeeze** with gang stars. (彼は際どいところでギャングから逃げた)
⑨ I almost **had** a car **crush**. (危うく交通事故を起こすところだった)

● 関 連 表 現

① It really was a close call. (本当に危機一髪だった)
② It really was a close shave. (本当に危機一髪だった)
③ It was a close shave. (本当に危ないところだった)
④ It was a near squeeze. (危機一髪だった)
⑤ He was within a hair's-breadth of the other car. (車にぶつかりそうになったが, 危機一髪で助かった)
⑥ We escaped the accident by inches yesterday. (昨日辛うじて事故を免れた)
⑦ I escaped from death by a hairbreadth. (危機一髪で助かった)

[22] 仕上がりが良い・悪い

① This copper ware **has** a high[good / fine] **polish**.(この銅器は磨きがよくぴかぴかに仕上がっている)
② This chinaware **has** a good **finish**.(この陶器はいい仕上がりをしている)
③ This plan **has** a lot of **loose ends**.(この計画は仕上がりが良くない)

「仕上がりが良い[悪い]」は一般にhave a good[bad] finishで表現できる。特に「仕上がりが良くない」はhave a lot of loose endsとも言う。

一方,「よく磨かれぴかぴかに仕上がっている」と表現するには,have a good polishやhave a good shineなどを使う。

「出来栄え」を意味するworkmanshipの使い方に関しては,関連表現の例文をよく参照し,活用できるようにしてほしい。

◉ 類 似 表 現

① This furniture **has** a poor **finish**.(この家具は仕上がりが良くない)
② This mirror **has** a beautiful **finish**.(この鏡は素晴らしい仕上がりをしている)
③ They **have** a good **shine**.(ぴかぴかですね/よく磨かれていますね)
④ This mirror **has** a good **polish**.(この鏡はよく磨かれている)

[22] 仕上がりが良い・悪い

◉ 関連表現

① This is an article of good workmanship.（これは優れた出来栄えの商品だ）

② This is a program of poor workmanship.（これは出来のよくない計画だ）

③ This is of excellent workmanship.（これは優れた出来栄えだ）

④ I'll **give** it the last **finish**.（それを仕上げてしまいましょう）

⑤ I'll **give** it a glossy **finish**.（それをつや出し仕上げします）

⑥ Please **give** it a good **polish**.（それを丁寧に磨いてください）

⑦ Please **give** my shoes a good **shine**.（靴をぴかぴかに磨いてください）

⑧ **Give** it a good **scrub** and **wash**.（それをよくこすって洗ってください）

* scrub: ごしごし洗うこと

（参考） scrubbing brush たわし，scrubbing board 洗濯板

⑨ Please **give** it a polished **finish**.（最後によく磨きをかけて仕上げてください）

⑩ Please **give** the stone a good **polish** with water.（その石を水でよく磨いてください）

⑪ Will you please **give** a good **shine** to the doorknobs?（ドアの取手をぴかぴかに磨いてくれませんか）

[23] 健康診断を受ける

① I **had** a medical **checkup** yesterday.（昨日身体検査を受けた）
② I **have** a physical **examination** at school today.（今日学校で身体検査がある）
③ I **had** an automobile **inspection** there.（私はそこで車検を受けた）

「健康診断を受ける」は，have a medical checkupとhave a physical examinationが一般的に使われる。よく使われる日常表現だけに，関連表現で例を挙げたようにmedical checkup, physical checkupは，単にmedicalやphysicalと言うことも多い。

また，機械や車の点検には，普通have an inspection, have an overhaulが使われる。

◎ 類似表現

① I **had** a **consultation** with a doctor.（医者に診察してもらった）
② My car **had** a complete **overhaul**.（車の車検を受けた）
　＊overhaul: 総点検，分解修理
③ We **had** a periodical **overhaul** of all our machinery.（すべての機械類の定期検査を実施した）
④ I **had** an ultrasound **examination** of the pancreas.（膵臓(すいぞう)の超音波検査を受けた）

* ultrasound examination = echography　超音波検査（診断）
　　* pancreas: 膵臓
⑤ I will **have** a dental **checkup** tomorrow.（明日歯科検診を受ける）
⑥ My wife **has** a regular physical **checkup**.（妻は定期健診を受けている）
⑦ She **had** an ovary cancer **screening**.（彼女は卵巣癌検診を受けた）
⑧ I **had** a periodic physical **checkup** yesterday.（昨日私は定期健診を受けた）
⑨ I **had** a complete medical **checkup** in May.（5月に人間ドックに入った）
⑩ Jim **has** a regular brain **checkup**.（ジムは定期的に脳ドックに入っている）

◉ 関 連 表 現

① She **had** a **medical** today.（今日彼女は身体検査をした）
　　* medical = medical checkup = medical examination　健康診断
② He **had** a **physical** today.（今日彼は身体検査をした）
　　* physical = physical checkup = physical examination　健康診断
③ We **gave** our car a complete **overhaul**.（車を徹底的に点検してもらった）
④ I told my wife to **get** a complete medical **checkup**.（人間ドックに入るように妻に話した）
⑤ I'll go in for a regular medical checkup next week.（来週定期健診を受ける予定だ）
　　* go in for:（検査）を受ける
⑥ He **took** a regular physical **checkup**.（彼は定期健診を受けた）

[24] 休憩・休養をとる

① Let's **have** a **break**.（一休みしましょう）
② Shall we **have** a **breather**?（ちょっと一息つきましょうか）
③ **Have** some **rest**, please.（少し休養してください）

「休憩」を意味する言葉で，よく日常会話に使われるものを挙げると次のとおり。これらはすべてhaveの目的語として使われる。
- break……一休み，小休止，休憩，中断
- breather……息抜き，一休み，小休止
- rest……休息，休養，静養
- recess……休み，休憩時間，休会，休廷

◉ 類 似 表 現

① Let's **have** a ten-minute **break**.（10分間休憩しよう）
② Let's **have** a tea **break**.（ちょっと休んでお茶を飲もう）
③ Shall we **have** a **break** here?（ここでちょっと休憩しませんか）
④ Let's **have** some **breathing room** here.（ここで一息入れましょう）
⑤ Let's **have** a **breathing spell** here.（ここで一息入れよう）
⑥ Let's **have** an hour's **recess** for lunch.（1時間ほど昼食のため休憩をとろう）
⑦ Please **have** a **day off** tomorrow and **have** a good **rest**.（明日は1

日休暇をとり，休養をしっかりとってください）
⑧ I **had** a good **rest** in bed yesterday.（昨日はベッドでゆっくり静養した）

◉ 関 連 表 現

① Let's **give** our donkey a little **breather**.（ロバを少し休ませよう）
② Let's **take** a little **breather** over a cup of tea.（お茶を飲みながらちょっと一息つこう）
③ We worked for 8 hours without intermission.（途中の休憩なしに8時間働いた）
④ **Have** a **stretch**.（背筋を伸ばそう）
⑤ We are on a break.（いま休憩中です）
⑥ Let's **take** a **break** now and resume in 20 minutes.（ここで休憩して，20分後に再開しよう）
⑦ Let's **take** a **breathing spell** here.（ここで一息つきましょう）
⑧ Let's **take** a **recess** before we start the next chapter.（次の章に入る前に，ここで休憩しよう）
⑨ Let's **take** a **recess** here.（ここで休憩としよう）

[25] 怖がる・恐れる

> ① Betty **had** a terrible **scare**. (ベティはひどく脅えていた)
> ② She **has** a **terror** of the man. (彼女はその男にひどく脅えている)
> ③ One **has** an instinctive **fear** of snakes. (人は本能的にヘビを怖がる)

「怖がる，不安がる，恐れる」を表す主な表現は次の通り。
- have a scare……怖がる，脅える，恐ろしい思いをする
- have a terror……ひどく怖がる，ひどく脅える
- have a fear……心配する，怖がる，不安がる，恐れる
- have a dread……恐怖感を持つ，ひどく怖がる

恐怖や不安の程度により，haveの目的語の名詞とそれに付ける形容詞をうまく選択してニュアンスを出す。

◎ 類 似 表 現

① I **have** no **fear** of death. (私は死が怖くない)
② Mike **has** a **fear** of speaking in public. (マイクは人前で話をするのを恐れている)
③ Wild animals **have** a natural **fear** of fire. (野生動物は生来火を怖がる)
④ She **has** an abnormal **fear** of earthquakes. (彼女は地震を病的に怖がっている)

⑤ Anne **has** a **terror** of thunder.（アンは雷をひどく怖がっている）
⑥ The child **has** a **dread** of fire.（その子は火を非常に怖がる）
⑦ She **has** a **phobia** of heights.（彼女は高所恐怖症だ）
　　＊phobia: 恐怖症

◉ 関 連 表 現

① I'm scared of heights.（私は高所恐怖症だ）
② I was scared to death.（死ぬほど怖かった）
③ Why are you running scared?（どうしてびくびくしているんだ）
④ There's nothing to be scared about.（何も怖がることはありません）
⑤ You **gave** me a **scare**.（びっくりしたよ／びっくりさせないでよ）
⑥ My hair stood on end with terror when I saw it.（それを見たとき，恐ろしさに身の毛のよだつ思いがした）
⑦ She dreads meeting people.（あの子は人に会うことを極端に恐れる）

[26] 試合がある

① We are going to **have** a **game** tomorrow.（明日試合がある）
② I **have** a **match** with him Sunday.（日曜日に彼との試合がある）
③ We **had** a close **contest** with them.（彼らとの試合は接戦だった）

「試合する」,「試合がある」は，基本動詞 have の目的語に次の名詞を用いて表現できる。
- game……試合, ゲーム, 競技会, 競争
- match……試合, 取り組み, 組み合わせ
- contest……試合, 競技会, 競争
- competition……試合, コンペ, 競技会, 競争

上記の各語の使い分けは必ずしも明確でないが，野球（baseball）のように ball の付く競技には game が，ゴルフ・レスリング・テニスなど個人対抗で行われる競技には match が使われる傾向がある。

◉ 類 似 表 現

① I **had** a **game** of Go with him.（彼と碁を打った）
② They **had** a **game** of billiards [pool].（二人はビリヤードをした）
③ I **have** a **game** of cards with her from time to time.（時々私はあの人とトランプをする）
④ We **had** strong **competition** from them.（彼らと激しく競り合った）

⑤ It is good to **have** fair **competition** in any business.（どんな商売でも公正な競争があることはいいことだ）
⑥ I **had** a **bout** of Go with him.（私は彼と碁の手合わせをした）
　＊ bout: 試合，一勝負，競争

◉ 関 連 表 現

① He is a good match for me.（彼は試合相手として不足はない）
② No one in our class can match him in golf.（ゴルフに関してはクラスで彼に勝てる人はいない）
③ I'm game if you are.（あなたがやる気なら，私もやるわ）
　＊ game:《形》やる気十分の，乗り気な，負けん気の強い
④ He won his heat to go through to the semifinals.（彼はその試合に勝ってベスト4に進んだ）
　＊ heat: 試合，予選の1試合
⑤ You won by the skin of your teeth.（辛うじて試合に勝てましたね）
　＊ by the skin of *one's* teeth: 辛うじて，際どいところで
⑥ It turned out to be a lopsided game.（一方的試合になった）
　＊ lopsided: 一方的な

[27] 偏見がある

① He **has** a **bias** against foreigners.（彼は外国人に対して偏見がある）
② She **has** a **prejudice** against the issue.（彼女はその問題に偏見を持っている）
③ I **have** no **biased view** of it.（それについて偏見はない）

「偏見がある」は，haveの目的語として次の単語を選び，その度合いを示す形容詞を的確に使って表す。
- bias……偏見，先入観，偏り，偏向
- prejudice……偏見，先入観，偏愛，毛嫌い，ひがみ
- biased[prejudiced] view……偏見，偏った考え方[見方]
- tilt……偏向，傾き，偏愛

◉ 類 似 表 現

① He **has** a **prejudice** against chemistry.（彼は化学を毛嫌いしている）
② They **have** a **prejudiced view** of Japan.（彼らは日本を白眼視する傾向がある）
③ She **has** a deep-rooted[deep-seated] **prejudice** against him.（彼女は彼に対し根強い偏見を抱いている）
④ He **has** a racial **prejudice**.（彼は人種的偏見を持っている）
⑤ She **has something** against tomatoes.（彼女はトマトを食わず嫌い

している）
⑥ He **has** a pro-Israel **tilt**.（彼はイスラエル寄りである）
⑦ She **has** a strong **bias** in favor of her own country.（彼女は祖国に対する偏愛傾向がある）

◎ 関 連 表 現

① Don't be prejudiced about food.（食べ物は好き嫌いしてはいけません）
② The present education of English in Japan is a little biased toward grammar.（現在の日本の英語教育は少々文法に偏りすぎている）
③ You are so biased.（それは偏見だ）
④ I know I'm a little biased but he is the best player.（少し欲目かもしれないけれど，彼がベストプレーヤーだと思う）
⑤ He shows an increasingly conservative tilt with age.（年とともに彼は保守的傾向を強めている）

［28］懐が寂しい

> ① Today I **have** a wad of **cash**. （今日は懐が温かい）
> ② I **have** a thin **purse** today. （今日は懐が寒い）
> ③ Today I **have** an empty **purse**. （今日は金欠だ）

「懐具合」は「財布」を意味するpurseに形容詞を付けて，次のように表現する。ちなみにpurseは女性の財布，walletは男性の財布を指すことが多い。①のwadは「束，多量」の意である。

- 「懐が温かい」……have a full［heavy, fat, well-filled, well-lined］purse
- 「懐が寂しい」……have a light［lean, slender, thin］purse
- 「お金がない」……have an empty purse

◉ 類似表現

① I **have** a well-filled **purse**. （とても懐が温かい）
② I **have** a heavy **purse**. （懐が温かい）
③ I **have** a slender **purse**. （懐が寂しい）
④ I **have** a lean **purse**. （懐が寂しい）
⑤ He that **has** a full **purse** never wanted a friend. （金があれば友達に不自由しない）

[28] 懐が寂しい

◎ 関連表現

① A heavy purse makes a light heart.（財布が重ければ心は軽い）
② You cannot make a silk purse out of a sow's ear.（瓜のつるに茄子はならない）
　＊ sow: 雌豚
　▷豚の耳から絹の財布はできない，ということから。
③ Who holds the purse rules the house.（金が物を言う世の中だ）
④ Who controls the purse strings in your house?（あなたの家ではだれが財布のひもを握っているの）
⑤ It's my wife who holds the purse in my family.（我が家で財布のひもを握っているのは妻だ）
⑥ I'm short of money.（金欠だ）
⑦ I'm totally broke today.（今日は文字どおり金欠だ）
⑧ My wallet is full of moths.（金欠だ）
　＊ moth:（昆虫の）ガ。ガの如くお金が飛んでいくということから。

[29] 響きがある・思い当たる節がある

① That name **has** a familiar **ring**.（その名前には聞き覚えがある）
② It **has** a nice **ring** to it.（それには素敵な響きがある）
③ His remark **has** negative **connotations**.（彼の発言には否定的な響きがある）

「思い当たる節がある」「聞き覚えがある」「ぴんとくる」などのニュアンスを出すにはhave a ringが適訳だ。このringは言葉などの「調子，感じ，響き」という意味である。下の類似表現や関連表現を参照し，また何回も音読して使えるようにしてほしい。

上の②の例文は，たとえば著者から新しい本の題名を聞き，「それは素敵な題名ではないですか」とコメントしている状況を想定してみるといいだろう。

ringは動詞としても重要な働きをするので，この点は関連表現の例文をよく参照してほしい。

connotationは「言外の意味」，「暗示的意味」，「含蓄」を意味し，うまく使うことによりぴたり「響きがある」のニュアンスを出すことができる。

◉ 類 似 表 現

① His speech **has** a cultured **ring**.（彼の話は上品な雰囲気がある）

② What he said **had** an insulting **ring**.（彼の発言には侮辱的響きがあった）
③ His remark **had** a **ring** of truth[lies] about it.（彼の発言には，真実の［嘘っぽい］響きがあった）
④ His enthusiastic explanation **had** a hollow **ring**.（彼の熱弁を聞いているとむなしい感じがした）
⑤ His story **had** a nostalgic **ring**.（彼の話には懐かしい響きがあった）
⑥ This word **has** a special **resonance** for me.（この言葉は私にとっては特別の響きを持っている）
⑦ It **has** a hollow **ring**.（むなしい響きがある）
⑧ What he said **had** a **ring** of truth.（彼の話はどこか真実味を帯びていた）

● 関 連 表 現

① She really rings my bell.（彼女は本当に魅力的だ）
　＊ ring *someone's* bell: 心に訴える，ぐっとくる
② Her name rings the bell.（彼女の名前を聞いたらぴんときた）
　＊ ring the bell: ピンとくる
③ It doesn't ring a bell.（それには心当たりがない）
　＊ ring a bell: 心当たりがある
④ It rings a familiar bell.（それには思い当たる節がある）
⑤ His words ring hollow.（彼の言葉は空々しく聞こえる）
⑥ His theory rings true.（彼の理論は正しいようだ）

[30] 手掛かり・糸口

① The police **have** some **leads** on the criminal.（警察は犯人についての手掛かりをつかんでいる）
② They didn't **have** a **clue** as to who shoplifted it.（誰が万引きをしたか手掛かりがつかめなかった）
③ We **have** a **handle** on the truth.（真実の手掛かりをつかんだ）

「手掛かりをつかむ」を示す表現としては，次のものをしっかり覚えておきたい。

- have a lead on ... ……～の手掛かりをつかんでいる，きっかけをつかんでいる，当てがある
- have a clue as to ……～の手掛かりをつかむ，糸口をつかむ
- have a trail ……痕跡を見つける，手掛かりをつかむ
- have a handle on ……手掛かりをつかむ

  ▷lead, clue, trail及びhandleはすべて「手掛かり」「糸口」や「きっかけ」を意味する名詞。このうちlead及びclueの使われる頻度が高い。

● 類 似 表 現

① We **have** no **leads** on the criminal.（犯人の手掛かりがつかめていない）

② I **have** a **tip** on a new position that's opening up soon.（新しい仕事の当てがある）
   * tip: 内密の事前情報
③ We haven't **got** the clue.（まだ手掛かりがつかめていない）
④ We don't **have** a **clue** as to who were involved in this case.（この事件に誰が関与したか手掛かりがつかめていない）
⑤ We **have** lots of **trails** to follow.（いくつもの手掛かりがある）
⑥ The police **have** a **grasp** of the situation.（警察は状況を把握している）

◉ 関 連 表 現

① Our study has shed some light on the issue.（我々の研究によりその問題の手掛かりがつかめつつある）
   * shed some light on: 少し手掛かりを得る
② There isn't any trace of the suspect yet.（犯人の手掛かりはまだつかめていない）
③ They seemed to **get** a new **lead**.（新しい手掛かりを得たようだ）
④ It provided an important lead.（重要な手掛かりとなった）
⑤ It looks likely that the authorities are **getting** a **handle** on the case.（どうも当局は事件の手掛かりを得ているようだ）
⑥ The police are on the trail.（警察は追跡中である）
⑦ The police got on the trail of the case（警察は事件の手掛かりをつかんだ）
   * get on the trail of: 足取りをつかむ，手掛かりをつかむ

[31] その他の表現

1 ああ言えばこう言う

> He **has** a **comeback** for everything.（ああ言えばこう言う）

ここでのcomebackは「口答え」を意味する。95頁にも示したように have an answer for everything と意味はほぼ同じ。背後の意味としては、「彼は忠告を受けた場合、決して静かに聞き入れる姿勢を示さない」点などを嘆いている表現。

2 つぶしが利く

> Jim **has** a marketable **skill** as a seasoned biologist.（ジムのような年季の入った生物学者ならつぶしがきく）
> * seasoned: 年季の入った，経験豊かな，熟練の

a marketable skill は「市場価値のある技術，売れる技術」から，この技術を持っていれば「つぶしがきく」の意味で使われる。

His skill as a seasoned biologist is marketable.

と言ってもよい。

3 (趣味などに)うるさい

> Anne **has** a discriminating **taste** in pottery. (アンは陶器にはうるさい)

「目が肥えていてうるさい」,「造詣が深く目が厳しい」などの意味で have a discriminating taste が使われる。

そのほか,

- He is particular about food. (食べ物にうるさい)
- She is meticulous about the English language. (言葉遣いにうるさい)

　　＊ meticulous: 細かいところまでこだわる，うるさい

なども意味するところは近い。

4 ひとめぼれする

> Anne **had a crush** on Dave. (アンはデイブにひとめぼれした)

主として若い人が，異性に対し急激に「熱を上げる」状態を言う。

- When I was a high school boy, I **got** a **crush** on Mrs. Patrick, the English teacher. (高校生の時，パトリック先生に夢中だった)

次のようにも使われる。

- Who is her latest crush? (彼女は最近誰に熱を上げているの？)

5 頭がどうかしている

He **has** a few **buttons** missing.(彼は頭がどうかしている。おかしい！)

- If he said that in public, he must **have** a few **buttons** missing. (人前でそんな発言をするなんて，彼はちょっと頭がおかしいに違いない)

これは先に出てきた have rocks in *one's* head や have a screw loose とほぼ同義。

▷ He has a few screws loose. (彼は頭がどうかしている)

- He must be missing a few buttons. (あの人は頭がどうかしているに違いない)

の使い方も一緒に覚えておこう。

6 先見の明がある

My boss **has foresight**.（私の上司は先見の明がある）

「先見の明がある」は have foresight,「先見の明がない，目先が利かない」は have no foresight で，無冠詞で使われる。ただし，

- He had the foresight to invest in the firm. (彼はその会社に投資するだけの先見の明があった)

のような場合には冠詞を伴う。

なお，同じ意味で，

- My boss is far-sighted.
- My boss is a man[woman] of foresight.

という言い方もある。

7　根拠に欠ける

> His case does not **have** a **leg** to stand on. (彼が提訴した訴訟には, よって立つべき根拠がない)

not have a leg to stand on は,「その上に立つべき1本の足もない」から, 議論や法的な争いで「よって立つべき根拠がない」,「しっかりした根拠に欠ける」の意味で使われる。

● I didn't **have** a single **leg** to stand on. (私にはよって立つ根拠が全くなくなってしまった)

のように, 意味を強める場合には, single をよく使う。上の例文は次のようにも言える。

● I was left without a single leg to stand on.

8　底なしの酒豪だ

> Mike drinks so much, I think he **has** a hollow **leg**. (マイクはたくさん飲むね。彼は底なしの酒豪だ)

have a hollow leg は, 直訳すれば,「空っぽの足をもっている」。すなわち酒をどんなに飲んでも, 空っぽの足に入ってしまう。したがって「一向に酔わない酒豪だ」を意味する。

「彼は酒豪だ」は次のようにも言う。

● He drinks like a fish.

9 一枚かんでいる

> It's a surprise that she **had** a **hand** in it.（彼女がその事件に1枚かんでいたとは驚きだ）

have a hand in は，「一枚かんでいる」，「手を突っ込んでいる」，「関与している」といったニュアンスの言い方。

「関与」を意味するhandは次のような言い方でも使われる。

- I see your hand in it. I was wondering who was involved in spreading this rumor.（犯人はあなただったのね。誰が一体この噂を流したのかいろいろ考えていたの）
- Everybody **had** a **hand** in making the preparations for the party.（皆がパーティーの準備に協力し合った）

10 なんとなく気が進まない

> I've **got** a **bone** in my leg.（何となく気が進まない）

have a bone in *one's* leg は直訳すれば「足に骨を持っている」で，「どこかへ行く気がしない」とか「何かをする気がしない」を意味する。

足に骨があるのは当たり前だが，それを理由に何となく気乗りがしないことを表す，ややおどけた表現である。

11　世間からもてはやされる

She will **have** the **world** at her feet.（彼女はやがて世間からもてはやされるようになるだろう）

have the world at *one's* feet を直訳すれば「世界は自分の足元にある」で、イメージ的には「世界が自分の足元にひれ伏し褒めたたえている」ことを意味する。周囲の人がちやほやし、何でも自分の意のままになるという意味合いもある。the whole world is at *one's* feet や with the world at *one's* feet も同時に覚えておきたい。
- She will be a great movie star, with the whole world at her feet.（彼女は世間からもてはやされる大女優になるだろう）

12　気持ちが変わる

I've **had a change of heart** after the incident.（そのことがあってから気持ちが変わった）

have a change of heart は、何かに心を動かされるような経験を通して、あるいは自らの行為に対する深い反省を通して「気持ちを変える」、「気持ちが変わる」を意味する。

これとよく似た表現に change *one's* mind があるが、これは「考えを変える」意味で、しっかり区別が必要。すなわち heart は胸にあって感情が宿るところであり、mind は頭にあって理性の宿るところというのが、西洋の一般的考え方である。
- I wonder what has caused a change of heart?（どういう心境の変化でそうなったのだろう）

13　運動神経が鈍い

> Terry **has** slow **reflexes**.（テリーは運動神経が鈍い）

　reflexは「反射神経」を意味し，通常複数形をとる。「彼は反射神経が発達している」は
　　He **has** good **reflexes**.
が普通。形容詞としてquickやfastも使われないわけではないが，肯定の場合はgoodが普通使われる。

14　筋がいい

> She **has what it takes to** be a good tennis player.（彼女はテニスの選手として筋がいい）

　テニスの初心者に対し「なかなか筋がいい」と言う場合にふさわしい表現である。これは110，128頁で取り上げたhave an aptitude forとほぼ同じ意味で使われる。上の例文は，
　　She has a pretty good aptitude for tennis.
と言い換えることができる。

　次の表現も使えるようにしたい。
- He has got what it takes to be a politician.（彼は政治家としての適性を持ち合わせている）
- She has what it takes to be a musician.（彼女は音楽家になる素質がある）

15　七転び八起き

He has survived lots of hardships in his life. He seems to **have nine lives**. (彼は今まで数々の障害を乗り越えてきた。まさに七転び八起きだ)

「七転び八起き」に近い英語に have nine lives がある。たとえば
　　He **has** nine **lives**.
は,「生命力の旺盛な人だ」, さらに「七転び八起きの不屈な人だ」を意味する。この背景には, 英語の文化の中にある,
- A cat has nine lives. (猫には命が9つあり易々とは死なない)

という考えがある。
　ここで have を使った次の表現も覚えておこう。
- Life **has** its **ups** and **downs**. (人生には山あり谷あり)

16　音を上げる

You've **had** it. (音を上げましたね)

have had it は, It's enough. に近く,「もうたくさんだ」「これ以上は駄目だ」という意味で使われる俗語的表現。日本語の「音を上げる」にぴったり。簡単過ぎて使いこなせない表現かもしれないが覚えておこう。
- She's had it. (彼女は音を上げた)
- They've had it. (二人はついに音を上げた)

17　間が持たない

> When I'm at my grandmother's, I **had nothing** to do to fill the time.（おばあちゃんの家にいるとすることがなくて，間が持たなくなった）

祖母の家に行くと特にすることもなく「時間をもてあました」といったニュアンスの表現。

しかし単純に「会話が途切れ，間が持たなかった」という場合には

● There was an awkward silence.

や

● There was an awkward pause.（ぎこちない沈黙が流れた）

が適訳。

18　はき違える

> You **have** the wrong **idea** of liberty.（君は自由をはき違えている）

have the wrong idea ofは「〜に関して間違った考えを持つ」という意味で広い使い方ができる。

● Young people of today have the wrong idea about their rights and duties. They think they can enjoy their rights without due consideration of their own duty to society.（最近の若者は権利と義務に関し，間違った考え方をしている。社会に対する自らの義務を忘れて，権利のみを享受できると思っている）

● Some people have the wrong idea about freedom of speech.（言語の自由の概念をはき違えている人もいる）

19 懐が深い

He **has depth** as a person.（彼は人として深みがある）

「懐が深い」,「人として深みがある」は，have depthで表現できる。
- He **has** a lot of **depth**.（あの人は実に深みがある）
- He is a man of depth.（彼は懐が深い）
- Jim **has depth** to his personality.（ジムは性格に深みがある）
  ▷have depthは声に「深みがある」という場合にも使う。下の例とともに一緒に覚えておきたい。
- That old lady has depth to her voice.（あのご婦人は，声に深みがある）

20 あくまでも慎重に

Don't **have** all your **eggs** in one basket.（一つのことにすべてを賭けるな）

「一つの事業に全財産を投資するな」,「一つのことにすべての希望を託すな」などの意味で，

　　Don't **have**[put] all your **eggs** in one basket.

がよく使われる。意味するところは,「飽くまでも慎重に行動しなさい」ということ。
- They did not put all their eggs in one basket.（彼らは天秤にかけつつ慎重に行動した）

キーワード索引

● 「have＋名詞」構文を中心に名詞のアルファベット順に配列してあります。

A

ability	have an ability to（〜が上手だ）	129
	have the ability to（〜する能力を持ち合わせている）	128,129
	have enough ability to（〜する能力がある）	129
	have an impressive ability to（〜の能力にたけている）	128
accident	have an accident（事故に遭う）	143
	have an accident due to（〜により事故が発生した）	144
	have a serious accident（大きな事故に遭う）	143
ache	have an ache（痛い）	18
	have an ache in[on]（〜に痛みがある）	47
	have aches and pains（体のあちこちが痛い）	47
	have a mild dull ache in（〜に軽い鈍痛がする）	47
	have a muscle ache in（〜に筋肉痛を感じる）	47
	have joints aches（節々が痛い）	47
acquaintance	have a large circle of acquaintances（顔が広い）	121
	have a wide circle of acquaintances（顔が広い）	121
	have a wide acquaintance base（顔が広い）	121
admiration	have an admiration for（称賛する）	19,82
	have a great admiration for（〜は素晴らしく大変感動する）	82,83
	have a great admiration and respect for（〜に称賛と尊敬の念を抱く）	83
	You have my greatest admiration.（あなたには本当に感激いたしました）	83
advantage	have advantage（有利である）	134
	have the advantage of（〜の点が強みである）	161
	have a built-in advantage（もともと優勢である）	160
affection	have an affection（愛情がある）	21
	have a deep affection for（〜を心から愛する）	63,65
	have a lingering affection for（〜に未練がある）	64
agreement	have an agreement（契約を交わす）	21
aim	have a very high aim for（〜に関して高い目標を掲げる）	66
	have the common aim of（〜を共通の目的とする）	66
air	have a nostalgic air（〜は郷愁をそそる雰囲気がある）	114

	have a sophisticated air(洗練された雰囲気がある)	115
	have a unpretentious air(気取った雰囲気がない)	115
	have an exclusive air(高級な雰囲気がある)	115
allergy	have an allergy(アレルギー体質だ)	58
	have an allergy to(〜アレルギーだ)	57,58
	have an allergy to pollens(花粉症だ)	57
	have a pollen allergy(花粉症がある)	57
alliance	have an alliance(提携する)	20
	have a strategic alliance with(〜と戦略的提携を結ぶ)	75
ambiance	have a pleasant ambiance(いい雰囲気である)	115
amount	have a small amount of(少量の〜が出る)	45
ankle	have sprained *one's* ankle(足首を捻挫する)	57
	have a sprained ankle(足を捻挫する)	56
answer	have an answer(答える)	18
	have an answer for everything(ああ言えばこう言う)	95,194
appeal	have a feminine appeal(女性らしい魅力がある)	112
	have a great appeal as(〜として非常に魅力がある)	111
appearance	have a corrugated appearance(波状である)	142
	have a gloomy appearance(陰気くさく見える)	99
	have a hazy appearance(影が薄い)	123
	have a healthier appearance(健康そうだ)	142
	have a modern appearance(モダンな感じがある)	115
	have a pleasing appearance(見栄えがする)	142
	have all the appearances of(〜の風采だ)	142
appetite	have a bad appetite(食が進まない)	151
	have a keen appetite(食欲旺盛だ)	152
application	have an application(応用する)	19
	have a restricted application(応用範囲が狭い)	94
appointment	have an appointment to(〜する約束がある)	163
appreciation	have an appreciation for(観賞眼がある)	21,95
	have a real appreciation of(〜の理解力がある)	129
approach	have quite a temperamental approach to everything(典型的な気分屋だ)	104
aptitude	have an aptitude for(〜の才能がある)	110,128,200
	have no aptitude for(〜する才能がない)	129
	have a pretty good aptitude for(〜の才能がある)	130
argument	have an argument (with)(〜と議論する)	20,100
	have a heated argument over(〜で激しく渡り合う)	84
atmosphere	have a family atmosphere(家族的雰囲気がある)	114

	have a homely atmosphere (家庭的な雰囲気のある)	115
	have a nice atmosphere (雰囲気がいい)	115
	have a sociable atmosphere (打ち解けた雰囲気がある)	115
	have an international atmosphere (国際的な雰囲気がある)	115
attachment	have an attachment (to) (〈~に〉愛着がある)	21,63
	have an deep attachment to (~に強い愛着がある)	64
attack	have an attack of nerves (ヒステリーの発作を起こす)	60
	have a coronary attack (心臓発作を起こす)	60
	have a nonfatal heart attack (致命的ではなかったが心臓発作を起こす)	52
	have a severe attack of (激しい発作を起こす)	60
attraction	have no special attractions (人を引きつけるものがない)	112
aura	have a certain aura of (~の雰囲気がある)	115
authority	have no authority to (~する権利はない)	173
aversion	have a profound aversion to (~が大嫌いだ)	64
	have an instinctive aversion to (~が大嫌いだ)	64

B

back	have a bad back (腰を痛める)	108
	have a straight back (腰が曲がっていない)	107
	have a strained lower back (ぎっくり腰になる)	56
backache	have a backache (背中が痛い)	46
background	have a good academic background (高い教育を受けている)	109
	have a good educational background (高い教育を受けている)	109
balls	have a lot of balls (~は根性がある)	101,102
	not have the balls to (~をする勇気がない)	102
	have (the) balls of brass (根性がある)	102
	have brass balls (根性がある)	102
beans	have beans (元気がよい)	100
	have a lot of beans (元気一杯だ)	100
	have too much beans (元気が良すぎる)	100
beard	have a beard (あごひげを生やす)	149
	have a false[fake] bear (つけひげをしている)	149
	have a fast-growing beard (ひげの伸びるのが早い)	149
	have a shaggy beard (もじゃもじゃのあごひげを生やしている)	149
	have a stubbly beard (無精ひげを生やしている)	149

	have a thick beard（あごひげが濃い）	149
bearing	have a bearing（関係がある）	74
	have a direct bearing（直接関係が出る）	68
	have a great bearing on（〜に大きく関係する）	75
beef	have a beef about（〜に不満がある）	166
beer	have a beer（ビールを飲む）	151
bench	have a bench clearing brawl（ベンチから飛び出し乱闘になる）	92
bias	have a bias against（〜に対して偏見がある）	186
	have a strong bias in favor of（〜に対する偏愛傾向がある）	187
	have no biased view of（〜について偏見はない）	186
bite	have a bite（一口食べる）	16,33,152
	have a quick bite（簡単に食事を済ませる）	33
bladder	have a weak bladder（トイレが近い）	58
blemish	have a small blemish（小さな染みがある）	145
blister	have a blister（まめができる）	53
blowout	have a blowout（タイヤがパンクする）	143,144
	have a fuse blowout（ヒューズが飛ぶ）	144
blowup	have a blowup over（〜で大げんかをする）	92
blues	have the blues（元気がない）	100
bond	need to have better bonds between（〜の関係改善が必要だ）	74
bone	have a bone in one's leg（何かをする気がしない）	198
	have a bone to pick with（〜に不満がある）	166,167
	not have a fearful bone in one's body（怖いもの知らずだ）	32
bounce	have a plenty of bounce（元気一杯だ）	100
bout	have a bout of[with]（〜の／と勝負する）	185
	have a sudden bout of coughing（突然せき込む）	46
bowel	have loose bowels（下痢をする）	49
brain	have a brain like a sieve（物覚えが悪い）	127
	have a modest brain（頭が良くない）	105
brainstorm	have a brainstorm（妙案がある）	18
brass	have a lot of brass（ずうずうしい）	114
break	have a break（一休みする）	15,120,180
	have a coffee break（ちょっと休憩をする）	29
	have a short break（小休止を取る）	94
	have a tea break（ちょっと休んでお茶を飲む）	180
	have a ten-minute break（10分間休憩する）	180
breakdown	have a breakdown（故障する）	143,144
	have a mental breakdown（神経が衰弱している）	59,60

	have a minor breakdown (ちょっとした故障が発生する)	143
	have a nervous breakdown (精神的にまいっている)	59,60
breakfast	have a big breakfast (朝食をたっぷりとる)	151
breaks	have breaks (ついている)	120
breakthrough	have a breakthrough (困難な状況を打開する)	131
breath	have a bad breath (息がくさい)	59
breather	have a breather (一息つく)	180
bruise	have a bruise (あざができる)	51,57,145
brunch	have brunch (ブランチをとる)	151
brush	have a brush (ブラシを掛ける)	17
brush	have a brush with death (死にそうな目に遭う)	175
	have a close brush (もうちょっとで死ぬところだった)	175
build	have a good build (スタイルがいい)	1,106
	have a big[small] build (体が大きい／小さい)	107
	have a slender build (痩せ型だ)	107
button	have a few buttons missing (頭がどうかしている)	196
buzz-cut	have a buzz-cut (坊主頭だ)	148
buzzing	have a buzzing in *one's* ear (耳鳴りがする)	54

C

call	have a close call (九死に一生を得る)	174,175
calorie	have a lot of calories (カロリーが高い)	140
cancer	have a throat cancer (咽頭癌だ)	55
capability	have the capability to (〜する手腕がある)	129
capacity	have no capacity for (〜の才能がない)	129
career	have a successful career (成功する)	131
catch	have a good catch (大漁だ)	137
change	have a change of heart (気持ちが変わる)	199
character	have a rotten character (根性が腐っている)	104
	have a strong character (根性が据わっている)	103
	have a very friendly character (大変親しみやすい性格だ)	103
	have a weak character (性格が弱い)	109
characteristic	have the following characteristics (次の特徴がある)	117
	have very useful characteristics (実に便利な特徴がある)	116
charisma	have a lot of charisma (カリスマ的魅力に溢れている)	112
charm	have a incomparable charm (たぐいまれな魅力を持つ)	112

	have a lot of charm (とても魅力がある)	111
	have a subtle charm (不思議な魅力を持つ)	112
chat	have a chat (雑談する)	17,38
	have a brief chat with (〜とちょっと言葉を交わす)	78
	have a friendly chat with (〜と親しく雑談する)	77
	have a little chat (ちょっと雑談する)	37
	have a nice chat (話が弾む)	38
chatter	have a chatter (雑談する)	17,38
	have a friendly chatter (親しげに雑談する)	38
check	have a check of (〜を測る)	52
checkup	have a medical checkup (健康診断を受ける)	178
	have a complete medical checkup (人間ドックに入る)	179
	have a brain checkup (脳ドックに入る)	179
	have a dental checkup (歯科検診を受ける)	179
	have a regular[periodic] physical checkup (定期健診を受ける)	179
chemistry	have great chemistry (相性がいい)	108
choice	have a choice (選ぶ)	9
	have a large choice of (豊富に取り揃えている)	9
	have no other choice (選択の余地はない)	10
chuckle	have a chuckle (含み笑いをする)	17,41
circulation	have a poor[bad blood] circulation (血の巡りが悪い)	44,51
clout	have a lot of clout with (〜に顔が利く)	119
clue	have a clue (分かる)	62,192,193
coffee	have some coffee (コーヒーを飲む)	151
cognac	have a cognac (コニャックを飲む)	151
cold	have a cold in the head (鼻風邪を引く)	45
	have a cold in the nose (鼻風邪を引く)	44
	have a bad cold (ひどい風邪をひく)	24,44
	have a chest cold (風邪でせきが出る)	46
	have a head cold (鼻風邪を引く)	45
	have a perpetual cold (しょっちゅう風邪を引く)	45
color	have a healthy color on *one's* face (健康な顔をしている)	99
comeback	have a comeback for everything (ああ言えばこう言う)	194
competition	have fair competition (校正な競争がある)	185
	have strong competition (激しく競り合う)	184
complain	have no reason to complain about (〜について不満はない)	167
complaint	have a heart complaint (心臓病を患う)	52

	have a stomach complaint (胃の調子が悪い)	49
	have no complaints about (〜に不満はない)	167
complexion	have a healthy[clear] complexion (顔の色つやがいい)	98
	have a rosy complexion (血色のよい顔をしている)	98
composure	have (a) composure (落ち着いている)	23,95
	have great composure (非常に落ち着き払っている)	95
compulsion	have a compulsion to (〜したくてたまらない)	168,169
	have a sudden compulsion to (〜したい強い衝動に駆られる)	170
conception	have no conception of (〜は想像もできない)	86
configuration	have a dragonfly-like configuration (トンボの形状をしている)	142
	have a stable configuration (安定した形状をしている)	141
conflict	have a conflict (対立する)	18
	have inner conflict over (〜に関して内心の葛藤がある)	84
confrontation	have a heated confrontation on (〜で激しい議論の衝突をする)	84
	have a serious confrontation over (深刻な対立が対立が生じる)	85
connection	have a connection (関係がある)	20,74
	have connections in high places of (〜の有力者にコネがある)	120
	have connections with (〜にコネがある)	120
	have a close connection with (〜と関係が深い)	74
	have a good connection with (〜にいいコネがある)	119
	have many connections (コネがある)	121
connotation	have negative connotations (否定的な響きがある)	190
consequence	have a consequence (因果関係がある)	22
consideration	have a consideration (考慮する)	19
constitution	have a cold constitution (冷え性だ)	44
	have a delicate constitution (病弱体質だ)	59
	have a good constitution (いい体格をしている)	108
	have a weak constitution (病弱体質だ)	59
consultation	have a consultation (診察を受ける)	21,178
	have a secret consultation on (〜で密議をする)	94
contact	have contacts (顔が広い)	121
	have wide[a lot of] contacts (顔が広い)	121
contempt	have contempt for (〜を軽んじる)	77
content	have a comparatively low fat content (〜の脂肪含有量が少ない)	139

	have a high[low] ... content (〜の含有量が多い,少ない)	140
	have a high calcium content (〜のカルシウム含有量が多い)	139
	have a high calorific content (〜は高カロリー食品だ)	139
contest	have a close contest with (〜との試合は接戦だ)	184
conversation	have a conversation (対話する)	21,77
	have a face-to-face conversation (直接会って話をする)	78
	have idle conversation (雑談する)	38
	have only a routine kind of conversation (ごくありきたりの会話を交わす)	78
convulsion	have a stomach convulsion (胃けいれんを起こす)	49
cough	have a cough (せきが出る)	18,45,46
	have a bad cough (せきがひどい)	44
	have a chesty cough (空せきがでる)	45
	have a dry cough (空せきが出る)	45
couragee	have courage (勇気を出す)	171
craving	have a sudden craving for (〜が欲しくてたまらなくなる)	169
crick	have a crick in *one's* back (ぎっくり腰になる)	56
	have a crick in *one's* neck (寝違える)	56
crop	have a bumper rice crop (米が豊作だ)	137
	have a good crop of (〜が豊作だ)	137,138
crop	have a close crop (haircut) (くりくり坊主になる)	148
crush	have a car crush (交通事故を起こす)	175
	have a crush on (〜に片思いをする)	65,195
cry	have a cry (声を出して泣く)	17
	have a good cry (思い切り泣く)	40
	have a little cry (もらい泣きする)	41
	have a long cry (ひとしきり泣く)	99
cut	have a different cut (違った見方をする)	72

D

dance	have a dance (ダンスする)	18
dash	have a lot of dash (元気がいい)	99,100
date	have a lunch date (昼食をとる)	163
day	have a bad day (ついていない)	153
	have a good day (行ってらっしゃい)	153
day off	have a day off (休みをとる)	12,29,180
deal	have a great deal to do with (〜と大いに関係がある)	74

debate	have a debate on[about, over]（議論する）	17,81
	have a full-dress debate on（本格的議論を行う）	81
	have a heated debate on（〜で激論を交わす）	85
	have a lively free debate on（活発な自由討論をする）	81
	have an in-depth debate on（掘り下げた議論を行う）	81
decision	have a final decision（最終的に決定する）	12
defect	have a hearing defect（聴覚障害がある）	55,109
deficiency	have a ... deficiency（〜が不足している）	58
deliberation	have a deliberation on[over, about]（討議する）	20,81
	have intensive deliberation on（集中審議が行われる）	81
delivery	have a delivery（出産する）	58
	have a very difficult delivery（難産である）	58
	have an easy delivery（安産である）	57
	have a good delivery（話がうまい）	108
density	have a high population density（人口密度が高い）	140
depression	have a touch of depression（軽度のうつ病にかかる）	60
depth	have depth（深みがある）	203
design	have a strange design（変わった格好をしている）	142
desire	have a desire（望みを抱く）	10,16
	have a serious[burning, strong] desire（望みを抱く）	168
	have a serious desire to（〜することを真剣に希望する）	34
	have a strong desire to（〜になりたくてしかたない）	10
	have an powerful desire（〜したい気持ちに駆られる）	170
	have an uncontrollable desire (to)（望みを抱く）	10,170
	have no desire to（〜するのはごめんだ）	35
determination	have a determination（決心する）	20
	have a strong determination to（〜する決意を持つ）	95
detestation	have a detestation（嫌悪感を抱く）	21,64,65
diabetes	have diabetes（糖尿病にかかる）	60
dialog	have a dialog（対話する）	23
	have a brilliant dialog（才気溢れる会話がある）	78
diarrhea	have diarrhea（下痢をする）	49
difficulty	have difficulty 〜ing（〜するのに苦労する）	158,159
dip	have a dip（水に浸かる）	16,31
discussion	have a discussion about[on/over]（議論する）	19,38,81

	have a heated discussion on（激論を交わす）	85
	have a more meaningful discussion on（さらに議論を深める）	81
	have an open discussion on（オープンに話し合う）	81
disease	have a heart disease（心臓病を患う）	52
	have a skin disease（皮膚病に罹る）	53
dislike	have a temperamental dislike for（〜することが嫌いな性分だ）	104
disorder	have a stomach disorder（胃の調子が悪い）	48
disposition	have a cheerful disposition（明るい性格だ）	103
	have a nasty disposition（意地の悪い性格だ）	103
	have a nervous disposition（神経質な性格だ）	103
	have a shy disposition（内気な性格だ）	103
doubt	have a doubt（疑問を感じる）	18
doze	have a doze（仮眠を取る，うたた寝をする）	15
	have a pleasant doze（快適な昼寝をする）	29
dread	have a dread（恐怖を感じる）	16,182,183
	have a dread of（〜の恐怖を感じる）	31,32
dream	have a dream（夢を見る）	15
	have a good dream（いい夢を見る）	29
drink	have a drink（一杯やる）	16,33,101,152
drive	have a lot of drive（やる気満々だ）	100
duty	have a duty to（義務がある）	172

E

ear	have an ear for（〜の筋がいい）	110
	have an ear for music（音感がいい）	110
	have a delicate ear for（〜に対し鋭い耳を持っている）	104
	have a good ear for music（音感がいい）	110
	have a musical ear（音楽の才がある）	106
	have a tin ear（音痴だ）	110
	have no ear for music（音痴だ）	110
	have the president's ear（大統領に顔が利く）	122
earthquake	have a disastrous earthquake（壊滅的な地震に見舞われる）	135
eczema	have atopic eczema（アトピー性湿疹を患う）	53
edge	have the edge in（〜において勝る）	161
	have a slight edge in（〜において優位な立場にある）	161
	have a slight edge on（〜より少し優勢だ）	160
effect	have an effect（影響がある）	22
	have a demoralizing effect on（やる気を失くす）	68
	have a depressing effect（気が滅入る）	67

	have a different effect on (〜への影響は違ったものになる)	68
	have a direct effect on (〜に直接的影響が出る)	68
	have a dramatic effect on (〜に特効薬的効き目がある)	68
	have a favorable effect on (〜にいい影響を与える)	68
	have a harmful effect (体によくない)	152
	have an important effect on (〜に重大な影響を与える)	69
egg	Don't have all your eggs in one basket. (慎重に行動しなさい)	203
energy	have the energy to (〜する元気を持ち合わせている)	100
	have a lot of energy (元気がいい)	99,100
engagement	have a business engagement (商用がある)	163
	have a prior engagement (先約がある)	162
	have another engagement (別の約束がある)	162
escape	have an escape (逃れる)	2,17
	have a hairbreadth escape from death (危機一髪で助かった)	174
	have a narrow escape from death (危機一髪で命拾いする)	2,174
esteem	have an esteem (評価する)	18
	have esteem for (〜を高く評価する)	76
examination	have a physical examination (健康診断を受ける)	178
	have a thorough examination (精密検査を受ける)	55
	have an ultrasound examination (超音波検査を受ける)	178
exercise	have an exercise (運動する)	16
	have a little exercise (軽い運動をする)	30
exit	have an exit (退場する)	17
expectation	have an expectation (期待する)	20
	have a lot of expectations (いろいろ期待する)	95
experience	have an experience (経験する)	18
	have a bad experience (いやな目に遭う)	153
	have a terrible experience (ひどい目に遭う)	153
explanation	have an explanation (説明を受ける)	21
exposure	have an exposure (接触がある)	21
	have a broad exposure to (幅広い経験をする)	154
	have a limited exposure to (〜に触れる機会が少ない)	95
expression	have a pained expression on *one's* face (苦痛にゆがんだ表情をする)	99
	have a sad expression on *one's* face (悲しげな表情をする)	99

	have a stunned expression on *one's* face（呆然とした表情をする）	98
eye	have a good eye for color（鋭い色彩感覚をしている）	104
	have a keen eye for beauty［the beautiful］（鋭い審美眼がある）	105
	have a sure eye（着眼点がいい）	106
	have an eye for opportunities（利にさとい）	106
eyesight	have poor eyesight（目が悪い）	156

F

face	have a long face（浮かぬ顔をする）	98
	have a straight face（まじめな顔をしている）	98
facelift	have a facelift（改装する）	164
faculty	have a faculty for（〜する能力を持つ）	130
fall	have a fall（転ぶ）	16,36
	have a bad fall（ひどく転ぶ）	36
	have a fall from a horse（落馬する）	30,36
	Pride will have a fall.（おごれる者は久しからず）	36
	The highest tree has the greatest fall.（最も高い木は倒れ方も一番すごい）	36
falling	have a falling out with（〜と口論になる）	92
fear	have a fear（不安を抱く）	16,32,95,182
	have a fear of heights（高所恐怖症である）	31
	have a natural fear of（生来〜を怖がる）	182
	have an abnormal fear of（〜を病的に怖がる）	182
	have an instinctive fear of（本能的に〜を怖がる）	182
	have little fear of（心配はあまりない）	32
	have no fear（恐れることはない）	95,182
feature	have *one's* own special feature（独自の特徴がある）	116
	have a number of new［other］features（新しい［ほかにも］特徴を多く持ち合わせる）	117
	have no particular features（これといった特徴がない）	117
	have some features in common（共通の特徴を持つ）	117
feel	have a feel（感じがする）	16
	have a distinctive feel（独特の手触りがある）	157
	have a feel for（〜に対する勘がいい）	97
	have a good feel for distance（〈ゴルフで〉いい距離感をしている）	30
	have a soft feel（手触りが柔らかい）	156
	have a special feel（特別な雰囲気がある）	114

feeling	have a feeling（予感がする［虫の知らせがある］）	80
	have a feeling for（〜の素質がある）	97
	have a feeling in *one's* stomach（虫の知らせがある）	79
	have a bad feeling in *one's* stomach（虫の知らせがある）	80
	have a gut feeling（予感がする）	79
	have an uneasy feeling（嫌な予感がする）	79
feet	have the world at *one's* feet（世間からもてはやされる）	199
fever	have a fever（熱がある）	58
	have a high fever（高熱だ）	58
	have a slight fever（微熱がある）	57,58
fight	have a fight（けんかをする）	17,43
	have a lot of fights（よくけんかをする）	92
	have constant fights（いつもけんかをする）	91
figure	have a good figure（スタイルがいい）	1,106,142
	have a slim figure（スリムな体型をしている）	107
	have a well-knit figure（引き締まった体つきをしている）	107
finger	have a sprained finger（突き指をしている）	56
	have a finger in every pie（顔が広い）	121
	have green fingers（園芸の才がある）	97
	have *one's* finger in every［many］pies（顔が広い）	121
	have *one's* finger on the pulse of（実情を正確に把握している）	71
finish	have a beautiful finish（素晴らしい仕上がりをしている）	176
	have a good［bad］finish（仕上がりが良い／悪い）	176
	have a poor finish（仕上がりが良くない）	176
fishery	have a good fishery yield（大漁だ）	138
fit	have a fit of sneezing（くしゃみが止まらない）	45,55
	have a sneezing fit（くしゃみが止まらない）	45
flair	have a flair for（〜の才能がある）	96,97
	have a flair for music（音楽の才能がある）	110
flavor	have a distinctive flavor（独特の風味がある）	156
flesh	have goose flesh（鳥肌が立つ）	54
flight	have a flight（空の旅をする）	21
	have a smooth flight to（〜まで快適な空の旅をする）	40
	Have a pleasant［good, great］flight!（行ってらっしゃい！）	40
fog	have heavy fog（濃い霧がかかっている）	136

fondness	have a particular fondness of (〜が特に気に入っている)	64
food	have Chinese food (中華料理を食べたい)	152
foot	have a light foot (足取りが軽い)	106
foreboding	have a foreboding (〈悪い〉予感がする)	21, 79
foresight	have foresight (先見の明がある)	196
	have no foresight (目先が利かない)	196
form	have a form of (〜の形をしている)	142
forum	have an international forum on (国際討論会が開かれる)	81
fracture	have a minor fracture (軽度のひびが入る)	56
friend	have a lot of[lots of] friends in (〜に顔が広い)	122
frost	have a heavy frost (ひどい霜が降りた)	135
fuse	have a short fuse (短気だ)	104
future	have a bright future (輝かしい未来がある)	131, 132
	have a promising future ahead of (〜には輝かしい未来がある)	131

G

gain	have a gain (得をする)	133
	have nothing to gain (得るものは何もない)	133
	have equal gain and loss (損得なしで終わる)	133
gall	have a lot of gall (厚かましい)	113
game	have a game (試合がある)	184
geometry	have a good geometry (いい形である)	142
get-together	have a get-together (歓迎会を開く)	154, 155
giddiness	have a sensation of giddiness (めまいがする)	54, 55
gift	have a gift for music (音楽の素養がある)	110
giggle	have a giggle (くすくす笑う)	17
goal	have a goal (目標がある)	22
	have a clear goal (しっかりした目標を持つ)	66
	have a definite goal (はっきりした目標を持つ)	66
	have *one's* life goals in sight (人生の目標がはっきり見える)	66
goatee	have a goatee (beard) (ヤギひげを生やす)	149
grandchildren	eager to have grandchildren (孫が欲しくてたまらない)	169
grasp	have a grasp (把握する)	16, 193
	have a firm grasp of (〜を把握する)	70
	have a good grasp of (〜をよく把握する)	35
	have no grasp (把握していない)	71
grip	have a grip (把握する, 掌握する)	16
	have a good grip on (〜をよく把握している)	43

gripe	have a gripe about (〜には不満がある)	167
guard	have a guard (保護する)	17
guess	have a guess (想像する)	18, 86
	have a shrewd guess about (〜に関して抜け目なく推測していた)	86
	have a few guesses about (〜についていくらか心当たりがある)	86
guts	have guts (根性がある)	102
	have a lot of guts (根性がある)	101
	have no guts (意気地がない)	102

H

habit	have a habit of (〜する癖がある)	90
hail	have hail (雹が降る)	136
haircut	have a haircut (散髪をする)	147
hairdo	have a nice hairdo (魅力的な髪型をしている)	148
hand	have a hand in (関与する)	75, 198
	have a light hand (手際が良い)	106
handle	have a handle on (把握する)	70, 192
handshake	have a strong handshake (力強く握手する)	43
hang	have the hang of (〜のコツをつかむ)	125, 126
hankering	have a hankering for (欲にとりつかれる)	169
harvest	have a bad harvest (凶作だ)	138
	have a beautiful[fantastic] harvest (豊作だ)	138
	have a good harvest (豊作だ)	137
hate	have a hate of (〜が大嫌いだ)	64
hatred	have a hatred (憎悪する)	21
	have a deep-rooted hatred (根深い憎しみを抱く)	63
	have a long-held hatred (積年の恨みを抱く)	64
haul	have a good haul (大漁だった)	137
have	have had it (音を上げる)	201
	have it out with (〜と決着を付ける)	39
head	have a head like a sieve (忘れっぽい)	105
	have a head for (〜が得意である)	105
	have a good head for business (商売がうまい)	105
	have a good head on *one's* shoulders (頭の回転が速い)	105
	have a swelled head (思い上がる)	105
	have a swollen head (うぬぼれる)	2, 105
	have no head for (〜に弱い)	32
headache	have a bad headache (ひどく頭が痛い)	46
	have a piercing[pounding] headache (頭がきりきり痛む)	47

heart	have a heart of gold（心が美しく広い）	109
	have a heart of stone（心が石のように冷たい）	109
heart-to-heart	have a heart-to-heart about（〜で腹を割って話し合う）	38
hemorrhage	have a hemorrhage（出血する）	52
	have a subcutaneous hemorrhage（皮下出血する）	52
hiccups	have hiccups（しゃっくりをする）	42
hide	have a thick hide（面の皮が厚い）	114
hip	have a fractured hip（腰を骨折する）	56
hives	have hives（じんましんが出る）	53
	have hives breakout on *one's* face（顔にじんましんができる）	53
hold	have a hold（死命を制する）	18
hope	have a hope（期待する）	16
	have a faint hope（かすかな望みを抱く）	34
	have little hope of（〜の見込みがほとんどない）	35
hunch	have a hunch（予感がする）	18,79
hunger	have a hunger for（渇望する）	169
hysterics	have hysterics（お腹を抱えて笑う）	41

I

idea	have an idea（知っている）	23
	have a clear idea of（把握している）	70
	have a different idea（見解が異なる）	70,73
	have the wrong idea of（〜に関して間違った考えを持つ）	202
imagination	have an imagination（想像する）	19
	have a fertile imagination（想像力に富んでいる）	86
	have a poor imagination（想像力が貧弱だ）	85
	have a rich imagination（想像力に富んでいる）	86
impact	have an impact（影響を及ぼす）	18
	have a good ... impact（〜にいい影響が出る）	67
	have a serious impact on（〜に重大な影響を及ぼす）	68
	have a severe impact on（〜に厳しい影響を及ぼす）	67
implication	have broader implications（大きな影響が出る）	68
inclination	have an inclination（傾向がある）	21
	have a natural inclination for（〜に対する感受性が備わっている）	97
influence	have influence everywhere（あちこちに顔が利く）	122
	have a lot of influence in（〜に顔が利く）	122
injury	have injury（けがをする）	145
	have external injuries（外傷を負う）	60

	have facial injuries（顔をけがする）	145
inkling	have an inkling（予感がする）	23,79,80
inspection	have an inspection（〈機械や車の〉点検をする）	178
	have an automobile inspection（車検を受ける）	178
instinct	have an instinct about musical pitch（音感がいい）	110
	have a hereditary instinct for（〜に関する生来の才能を持ち合わせている）	129
intention	have an intention（意図する）	19
	have no intention of（〜するつもりはない）	94
interest	have an interest（興味がある）	16
	have a total lack of interest in（〜にまったく関心がない）	35
intuition	have an intuition of（〜を察知する能力を持つ）	97
	have a bad intuition（勘が鈍い）	96
irritation	have a skin irritation（皮膚がかぶれる）	53
itch	have an itch to（〜したくてたまらない）	18,168
itching	have an itching to（〜したくてたまらない）	168

J

jog	have a jog（ジョギングする）	18
journey	Have a safe journey!（安全なご旅行を！）	40
	Have a safe journey here!（どうぞ気を付けてお越しください）	40

K

knack	have the knack for（〜をする元気がある）	125,126
knee	have a sore knee（膝が痛い）	56
knot	have knots all over the place（身体中の筋肉が凝っている）	50
knowledge	have a knowledge（知っている，分かっている）	19,61
	have a basic knowledge of（〜について基本的なことは知っている）	62
	have a very good knowledge of（〜に大変詳しい）	61
	have an inside knowledge of（〜の内部事情に明るい）	62
	have only a shallow knowledge of（〜に関して表面的なことしか分かっていない）	62

L

laugh	have a laugh（声を出して笑う）	17
	have the last laugh（笑っていられるのも今のうちだ）	42
	have a good laugh（大いに笑う）	40,98
	have a hearty laugh (at)（腹の底から笑う）	41,98

layout	have a neat layout（レイアウトが素晴らしい）	141
	have a very friendly layout（親しみやすい配置である）	142
lead	have a lead on ...（〜の手掛かりをつかんでいる）	192
	have a sizable lead on（〜に対しリードする）	160
	have no leads on（〜の手掛かりがつかめていない）	192
	have some leads on（〜についての手掛かりをつかんでいる）	192
leg	have a hollow leg（底なしの酒豪だ）	197
	have a leg up on（〜より優勢である）	161
	have a single leg to stand on（よって立つ根拠が全くない）	197
	not have a leg to stand on（しっかりした根拠に欠ける）	197
letdown	have (a) letdown（失望する）	18, 95
	have some sort of letdown（失望感を持つ）	95
liberty	have a liberty to（〜する自由がある）	173
lick	have a lick（ちょっと舐める）	16, 33
lie down	have a lie down（横になる）	15
	have a little lie down（少し横になって休む）	29
life	have a life of *one's* own（人目を引く）	123
	have a long and fullfilling life（社会経験が豊富だ）	95
	have nine lives（七転び八起き）	201
liking	have a great liking for（〜が大好きだ）	64
limp	have a limp（足を引きずって歩く）	56
look	have a look（見る，観察する）	16
	have a good look at the birdie（バーディー・チャンスに寄せる）	95
	have a healthy look on *one's* face（健康そうな顔をしている）	99
	have a look of deep concentration（集中した顔つきをする）	98
	have a look of intelligence（聡明な顔つきをしている）	99
	have a new[another] look at（見直す）	164
	have a pained look on *one's* face（苦痛で顔をしかめる）	98
	have a quick look at（ざっと見る）	12
	have a relieved look on *one's* face（ほっとした顔をする）	98
	have a sad look on *one's* face（悲しげな顔をする）	98
	have a totally new look（すっかり概観が変わる）	164
	have another look at（〜を改めて考える）	35
loose	have a screw loose（頭がどうかしている）	196

loose ends	have a lot of loose ends (仕上がりが良くない)	176
loss	have a loss (損をする)	133
	have a heavy loss (大損をする)	133
	have equal gain and loss (損得なしで終わる)	133
	have a loss of consciousness (意識を失う)	60
lot	have a lot to do with (〜と大いに関係がある)	68, 74
love	have a deep love of (〜が大好きだ)	64

M

magnetism	have a personal magnetism (人望がある)	108, 111
manicure	have a manicure (マニキュアをする)	147, 148
manner	have a graceful manner (物腰が上品だ)	107
massage	have a massage (マッサージをうける)	51
match	have a match (試合がある)	184
meal	have a good meal (おいしかったです)	151
	have a stand-up meal (立ち食いの食事をとる)	151
medical	have a medical (身体検査をする)	179
meeting	have a face-to-face meeting (ひざを交えて話し合う)	38
memory	have a memory (記憶している)	20
	have a memory lapse (度忘れした)	128
	have a memory like a sieve (物忘れがひどい)	127
	have a bad memory (記憶力が悪い)	127
	have a fantastic [strong] memory (記憶力が非常にいい)	128
	have a good memory (記憶力がいい)	127
	have a photographic memory (抜群の記憶力を持つ)	128
	have a poor memory (記憶力が悪い)	128
	have a selective memory (都合のいいことだけを覚えている)	127
	have a short memory (記憶力が悪い)	127
	not have any memory of (〜については記憶がない)	128
merit	have both merits and demerits (長所と短所がある)	109
mettle	have a lot of mettle (根性がある)	101
mind	have a mind like a sieve (物忘れが激しい)	127
	have a good mind to (〜したくてたまらない)	168, 169
	have a precise mind (緻密な頭脳をしている)	129
	have a quick mind (頭の回転が速い)	105
	have in mind (想像する)	87
mistrust	have a mistrust (不信感がある)	18
	have a deep mistrust (根深い不信感がある)	43
moisture	have a lot of moisture (湿度が高い)	140

mole	have a large mole（大きなほくろがある）	53
moment	have a senior moment（度忘れする）	127
motion	have a motion（動議を出す）	93
moustache	have a moustache（口ひげを生やしている）	149
	have a thin moustache（どじょうひげを生やしている）	149
	have a toothbrush mustache（ちょびひげを生やしている）	149
	have an unconvincing moustache（貫禄のない口ひげを生やしている）	149
mouth	have a foul mouth（口が悪い）	106
	have a loose mouth（口が軽い）	106
much	have much to do with（〜と大いに関係がある）	74

N

name	have a bad name（評判が悪い）	88
nap	have a nap（仮眠を取る）	15
	have a beautiful nap（気持ちよく昼寝をする）	28
nature	have a cold nature（冷淡な性格だ）	104
nature	have a shy nature（内気な性格だ）	104
near miss	have a near miss（ニアミスを起こす）	175
neck	have a (lot of) neck（ずうずうしい）	113
	have a sprained neck（寝違える）	56
	have a stiff neck（首が凝っている）	50
nerve	have a nerve to（厚かましくも〜する）	114
	have a lot of nerve（ずうずうしい）	113
noise	have a noise in *one's* ear（耳鳴りがする）	54
nose	have a blocked nose（鼻が詰まっている）	45,55
	have a good[sharp] nose for（〜には鼻が利く）	105
	have a keen nose（鼻がよく利く）	105
	have a real nose for news（早耳だ）	104
	have a running nose（鼻が出る）	45
	have a runny nose（鼻がでる）	45
	have a stuffy nose（鼻が詰まっている）	45
	have no nose for it（まったく鼻が利かない）	55
nosebleed	have a nosebleed（鼻血が出る）	54
nothing	have nothing on（予定が入っていない）	163
	have nothing to lose（失うものは何もない）	133
notion	have a notion（判断がつく）	23
	have a clear notion of（〜を把握している）	70
	have a well-defined notion of（〜に関してはっきりとした考え方を持つ）	70
notoriety	have great notoriety for（〜だと悪評が高い）	88

numbness	have numbness in (〜に痺れを感じる)	60

O

objective	have an objective (目標がある)	22
	have a clear objective (はっきりした目標がある)	66
	have an important objective (重要な目的がある)	66
obligation	have an obligation to (義務がある)	172
odor	have a good odor (いいにおいがする)	156
	have a sickening odor (吐き気を催すにおいがする)	156
	have a strong body odor (体臭がひどい)	156
	have an offensive odor (嫌なにおいがする)	156
operation	have an operation (手術を受ける)	21, 95
opinion	have an opinion (意見である)	23
	have a better[higher] opinion of (〜を見直す)	2, 164
	have a different opinion about (〜に関して意見が異なる)	72
	have a good[high] opinion of (〜の評判がいい)	82, 88
	have a high opinion of (〜を大変買っている)	76
	have a high opinion of *oneself* (自慢をする)	83
	have a higher opinion of (〜を見直した)	164
	have a very good opinion of (〜を非常に高く評価している)	82
outlook	have a positive outlook on life (前向きな人生観を持つ)	72
overhaul	have an overhaul (機械や車の点検)	178
	have a complete overhaul (車検を受ける)	178
	have a periodical overhaul of (〜の定期検査を実施する)	178

P

pain	have a pain in (〜が痛い)	47
	have a bad pain in (〜がひどく痛い)	47
	have a sudden attack of severe pain (突然激痛に襲われる)	47
palate	have a delicate palate (味にはうるさい)	106
	have a discerning palate (舌が肥えている)	106
party	have a party (パーティーを催す)	155
	have a big party (盛大なパーティーを開く)	154
	have a birthday party (誕生日会を開く)	155
	have a dinner party (夕食会がある)	155
	have a drinking party (酒盛りをする)	152
pat	have a pat on the back from (称賛される)	83
pen	have a ready pen (筆まめだ)	109

penchant	have a penchant (for) (〈～する〉傾向がある)	23,90
perception	have a perception (気づく)	20,61
	have a poor perception of history (歴史認識に欠ける)	62
	have only a weak perception of (～に関する理解に乏しい)	61,62
perm	have a perm (パーマをかける)	147
personality	have a colorful personality (派手な性格だ)	104
	have a very distinctive personality (大変個性豊かな人だ)	104
perspective	have a perspective (見方をしている)	23
	An outsider has the best perspective. (岡目八目)	73
	have a broad perspective on (～を大きな視野で見ている)	73
	have a different perspective on (～に関して異なる見方をしている)	72
phobia	have a phobia of heights (高所恐怖症だ)	183
physical	have a physical (身体検査をする)	179
picture	have a picture (よく理解している)	23
	have a clear picture of (はっきり把握している)	62,70
	have a detailed picture of (～の詳細を把握している)	70
	have a full picture of (～の全容をよく知っている)	63
pimple	have a lot of pimples (にきびが一杯できている)	53
plan	have plans (予定がある)	162
	have other plans (ほかに予定していることがある)	162
plot	have a plot (企てる)	18,43
point	have a low boiling point (短気だ)	104
	have both good and bad points (長所と短所がある)	109
polish	have a high[good/fine] polish (よく磨かれている)	176
popularity	have a high popularity (人気がある)	108
	have a lot of popularity (大変好評だ)	88
possibility	have a high possibility of (～の可能性が高い)	140
posture	have a good posture (姿勢が良い)	107
	have a poor posture (姿勢が悪い)	107
practice	have a practice (練習をする)	16
	have a lot of practice at (何度も～の練習を重ねる)	31
praise	have praises (高く評価する)	18
	have (high) praise for (称賛する)	82
	have high praise from (称賛される)	83
precipitation	have a high annual precipitation (年間降水量が多い)	136
predisposition	have a predisposition to (～しやすいたちだ)	23,90

	have a genetic predisposition to (遺伝的に〜になりやすい体質だ)	89
	have an allergic predisposition (アレルギー体質だ)	90
preference	have a preference (for) (〜をより好む)	20,64
prejudice	have a prejudice against (〜に偏見を持つ)	186
	have a deep-rooted[deep-seated] prejudice against (根強い偏見を抱く)	186
	have a racial prejudice (人種的偏見を持つ)	186
premonition	have a premonition (〈悪い〉予感がする)	23,79
presence	have an established presence (存在感がある)	122
presentiment	have a presentiment (〈悪い〉予感がする)	23,79
pressure	have a normal[extremely good, high, low] blood pressure (血圧が正常だ[いい, 高い, 低い])	51,52
problem	have a problem with (〜のことで困っている)	59,166
	have a hearing problem (聴覚障害がある)	55
	have cash-flow problems (資金繰りに苦労する)	159
	have mechanical problems (故障している)	144
proclivity	have a proclivity for (〜する傾向がある)	90
profile	have a (very) high profile in (〜では有名だ)	122,123
	have a comparatively low profile (あまり知られていない)	123
	have a high profile (注目されている)	123
	have a low profile in (〜では知名度が低い)	122
	have a low profile (知名度が低い)	123
	have a very high profile (有名だ)	123
	have a very low profile (あまり関心を引かない)	123
prognosis	have a bad prognosis (病気の予後がよくない)	58
promise	make a firm promise (固く約束する)	163
propensity	have a propensity (傾向がある)	21
	have a propensity for (〜する傾向がある)	89
proposal	have a proposal (提案する)	20,93
proposition	have a proposition (提案する)	93
	have a business proposition for (〜にいい仕事の話がある)	93
	have a very interesting proposition (関心のある提案する)	93
pro's	have both pro's and con's (短所と長所がある)	109
pull	have (some) pull (コネがある)	120
	have a lot of pull (強力なコネがある)	119
	have good pull (いいコネがある)	120
pulse	have a normal pulse (脈拍は正常だ)	52
purpose	have a purpose (目的がある)	22

	have a clear ... purpose（はっきりとした〜の目的がある）	66
	have a clear purpose of（〜には明白な目的がある）	65
purse	have a full purse（金がある）	188
	have a fat purse（懐が温かい）	188
	have a heavy purse（懐が温かい）	188
	have a lean purse（懐が寂しい）	188
	have a light purse（懐が寂しい）	188
	have a slender purse（懐が寂しい）	188
	have a thin purse（懐が寒い）	188
	have a well-filled[well-lined] purse（懐が温かい）	188
	have an empty purse（金欠だ）	188

Q

quality	have poetic qualities（詩的な持ち味がある）	117
	have the following physical qualities（物理的特徴がある）	117
quarrel	have a quarrel（けんかする）	18, 91
	have no quarrel against（〜に文句はない）	91
	Have your marital quarrel at home.（夫婦げんかは家でやってくれ）	92

R

race	have a race（競走をする）	16, 31
rain	have a heavy rain（大雨が降る）	135
rash	have a rash（発疹ができる）	53
rate	have a fast pulse rate（脈拍が速い）	52
	have a high audience rate（視聴率が高い）	140
	have a high fatality rate（死亡率が高い）	140
	have a high water absorption rate（〜は水の吸収率が高い）	140
reach	have a long reach（腕が長い）	106
reception	have a reception（評判がある）	20
	have a big wedding reception（盛大な結婚披露宴を開く）	154
	have a favorable reception（好評だ）	87
	have a good reception（好評だ）	88
	have a warm reception（受けが良い）	88
recess	have a 10-minute recess（10分間休憩する）	29
	have an hour's recess for（1時間ほど〜のため休憩をとる）	180
recollection	have a complete recollection of（〜をよく覚えている）	62

reflex	have good reflexes (反射神経が発達している)	200
	have slow reflexes (運動神経が鈍い)	200
reform	have a sweeping reform (抜本的な見直しが求められている)	164
regard	have a regard (評価する)	18
	have regard for (〜を尊敬する)	76
	have a high regard for (〜を高く評価している)	76
	have no regard for (〜をまったく尊敬していない)	76
regret	have a regret (後悔する)	16
	have no regrets over (〜に悔いはない)	35
	have regrets about (〜を後悔する)	34
relation	have a relation (関係がある)	20
	have relations (関係がある)	74
	have good commercial relations with (〜と良好な商関係がある)	74
relationship	have a relationship (関係がある)	20,74
	have a close relationship with (〜と緊密な関係がある)	74
remembrance	have remembrance (覚えている)	20
repercussion	have serious political repercussions (政治的影響が大きい)	69
reputation	have a reputation for (〜という評判がある)	23,87,88
	have a spotless reputation (非の打ち所のない評判を得ている)	88
requirement	have a requirement to (〜することを義務付けられている)	173
reservation	have a reservation (予約する)	20
	have reservations about (〜に疑問を持つ)	95
resonance	have a special resonance for (〜にとって特別の響きを持つ)	191
respect	have (a) respect for (〜を尊敬する)	19,76
	have a lot of respect for (〜を大変尊敬する)	76
	have a new respect for (改めて尊敬の念を持つ)	76
response	have a good response (好評だ)	88
rest	have a rest (一息つく)	15
	have a good rest (ゆっくり休養を取る)	15,28,180,181
	have a good night's rest (よく寝る)	15
	have a short rest (ちょっと休憩する)	15
	Have some rest, please. (少し休養してください)	180
return	have a handsome return (かなり儲ける)	133
reunion	have a high school class reunion (高校のクラス会がある)	155
review	have a review (of) (見直す)	16,35
	have a review of it (それを考え直す)	34

ride	have a ride（車に乗る）	15
	have a ride home（家まで車に乗せてもらう）	12
	have a ride on a horse（馬に乗る）	30
right	have a right to（権利がある）	172,173
ring	have a ring（思い当たる節がある）	190
	have a ring of truth（真実味を帯びる）	191
	have a ring of truth[lies] about（真実の／嘘っぽい響きがある）	191
	have a cultured ring（洗練された雰囲気がある）	115,190
	have a familiar ring（聞き覚えがある）	190
	have a hollow ring（むなしい感じがする）	191
	have an insulting ring（侮辱的響きがある）	191
	have a nice ring to（～には素敵な響きがある）	190
	have a nostalgic ring（懐かしい響きがある）	191
ringing	have a ringing in *one's* ear（耳鳴りがする）	54,55
rock	have rocks in *one's* head（頭がどうかしている）	196
room	have some breathing room（ゆっくりする）	180
row	have a row with（～と口論になる）	92
rumpus	have a rumpus with（～と大声で怒鳴りあう）	92
run	have a run（走る，一走りする）	16,30
	have the runs（下痢をする）	49
run-in	have a run-in（口論する）	23,92
	have a little run-in with（～とちょっと口論になる）	91

S

saunter	have a saunter（散策する）	30
say	have a say（発言する権利がある）	173
scar	have a scar on（～に傷跡がある）	145
scare	have a scare（怖い）	16,32,182
	have a real scare（本当に怖い）	31
	have a terrible scare（ひどく怖がる）	182
schedule	have quite a busy schedule（予定が詰まっている）	162
	have quite a tight schedule（予定が詰まっている）	162
screening	have an ovary cancer screening（卵巣癌検診を受ける）	179
search	have a search（調べる）	17
	have an extensive search for（八方手を尽くして～を探す）	43
self-esteem	have a high self-esteem（自尊心が高い）	76
	have a low self-esteem（自信がない）	76
self-respect	have a lot of self-respect（自尊心がある）	43
sensation	have a sensation of dizziness（めまいがする）	54,55
sense	have a good sense for musical pitch（音感が鋭い）	97

Haveの辞典

	have a good dress sense（洋服のセンスがいい）	108
	have a keen sense of hearing（聴覚が優れている）	157
	have a remarkable sense of humor（並外れたユーモアのセンスがある）	108
	have no sense of direction（方向音痴だ）	110, 111
	have no sense of taste（味覚音痴だ）	111
shampoo	have a shampoo（洗髪する）	147
shape	have a shape very similar to（〜によく似た形状をしている）	142
	have a unique shape（独特の形をしている）	141
shave	have a shave（ひげをそる）	147, 150
	have just a shave[trim]（ひげ剃りをする）	22
	have a shave（逃れる）	2
	have a close shave with（辛うじて〜を逃れる）	174
	have a close shave with death（危機一髪で命拾いする）	2
shine	have a good shine（ぴかぴかですね）	176
shortcoming	have a lot of shortcomings（短所がたくさんある）	109
shot	have a shot at（〜で成功する）	132
shoulder	have a chronic bad shoulder（慢性的に肩の凝りがひどい）	50
showdown	have a showdown（雌雄を決する）	23, 95
shower	have a shower（シャワーを浴びる）	15
	have a quick shower（シャワーを浴びる）	29
shudder	have a shudder of horror（恐怖に身震いする）	32
side	have a lot of side（ずうずうしい）	113
sight	have ... in sight（視野に入っている）	67
singing	have a singing in *one's* ears（耳鳴りがする）	55
sip	have a sip（一口飲む）	16, 33
skate	have a skate（スケートをする）	30
ski	have a ski（スキーをする）	15, 30
skill	have a marketable skill（つぶしがきく）	194
skin	have a pretty tough skin（面の皮が非常に厚い）	114
	have a thick skin（神経が図太い）	114
	have a thin skin（繊細である）	114
sleep	have a sleep（睡眠を取る）	15
	have a bad night's sleep（よく眠れない）	59
	have a good sleep（熟睡する）	28, 59
slide	have a slide（滑る）	18
slip	have a slip（滑って転ぶ）	16, 36
smell	have a smell（匂いがする）	16
	have a distinctive smell（独特のにおいがする）	35
	have a fishy smell（魚臭い）	156

	have a good smell（いいにおいがする）	35
smile	have a smile（ほほえむ）	17
	have a charming smile（微笑が魅力的だ）	98
	have a cynical smile（皮肉っぽく笑う）	41
	have a distinctive smile（特徴のある笑い方をする）	99
	have a practiced smile（作り笑いをする）	98
	have an engaging smile（笑うととても魅力的だ）	112
sneeze	have a sneeze（くしゃみが出る）	54
snore	have a snore（いびきをかく）	17, 54
	have a terribly loud snore（すごいいびきをかく）	54
snow	have a dusting of snow（雪がちらつく）	135
	have a heavy fall of snow（大雪が降る）	135
snowfall	have light snowfall（降雪量は少ない）	136
	have the first snowfall of the season（初雪が降る）	136
soak	have a soak（水に浸かる）	15
	have a good soak in（〜にゆっくり浸る）	29
something	have something against（〜を食わず嫌いしている）	186
	have something at *one's* finger tips（完全に把握している）	71
soreness	have soreness and swelling（痛みと腫れがある）	56
spark	have a lot of spark（元気がいい）	99, 100
spat	have a spat with（〜とつまらないけんかをした）	92
spell	have a dry spell（日照りが続いている）	135
	have a breathing spell（一息入れる）	180, 181
spot	have a soft spot[place] for（大好きである）	64
squeeze	have a near squeeze with（際どいところで〜から逃げた）	175
stake	have a stake in（〜と利害関係がある）	75
stammer	have a stammer（どもる）	59
	have a bad stammer（ひどくどもる）	59
	have a slight stammer（少しどもる傾向がある）	59
stamp	have *one's* own individual stamp（独特の型がある）	116
start	have a start（出発する）	17
	have a good start（幸先のよいスタートを切る）	160
	have a head start（一歩有利なスタートを切る）	160
stay	have a stay（滞在する）	17
	have a little longer stay（もう少し長くそこに滞在する）	39
stiff	have a stiff back（肩/背中が凝る）	50
	have a stiff shoulder（肩が凝る）	50
	have a very bad stiff neck（首の凝りがひどい）	50
stiffness	have stiffness in（〜が凝る）	50

stomach	have a bad stomach（胃の調子が悪い）	49
	have a sensitive stomach（胃が弱い）	49
	have no stomach to（〜する気持ちになれない）	49
stomachache	have a stomachache（腹痛がする）	47
storm	have a dreadful storm（猛烈な嵐に見舞われる）	135
strain	have a strain（筋を違える）	56
stretch	have a stretch（手足を伸ばす）	15,181
	have a good stretch（手足を思い切り伸ばす）	30
stroke	have a stroke（卒中で倒れる）	52
stroll	have a stroll（散歩する）	18
sty	have a sty on *one's* eye（物もらいができる）	58
style	have a good style（文章がうまい）	1,107
substance	have a lot of substance（中身が濃い）	140
substitution	have an early substitution（早々に取り替えられる）	43
success	have a success（ヒットして成功する）	131
	have a smashing success（大成功を収める）	132
	never have much success（〜に対しては成績がよくなかった）	132
suck	have a suck（一口飲む）	16,33
suggestion	have a suggestion（提案する）	19,93
summer	have a humid summer（夏は蒸し暑い）	136
sunbath	have a good sunbath（肌をよく焼く）	29
surgery	have surgery（手術を受ける）	21
suspicion	have a suspicion（疑う）	20,94
swim	have a swim（泳ぐ）	15,30
swing	have a swing（スイングする）	16
	have a beautiful swing（いいスイングをしている）	30
	have a smooth swing of the conversation（スムーズな会話のやり取りをする）	78
system	have a good digestion system（消化器系が丈夫だ）	108

T

tail	have *one's* tail between *one's* legs（しょげている）	100
talent	have a talent for music（音楽の才能がある）	110
talk	have a talk（話し合う）	17,38
	have a good talk with（〜とじっくり話をする）	38
	have a heart-to-heart talk about（〜で腹を割って話し合う）	38,78
	have a heart-to-heart talk with（〜と心ゆくまで話し合う）	38
	have a little talk（少し話をする）	37
	have a preliminary talk with（あらかじめ打ち合わせを行う）	77

	have a small talk with（〜と世間話をする）	78
	have a talk another day about（〜については日を改めて話し合う）	78
	have only small talk with（雑談をしただけだ）	38
tan	have a tan（日焼けする）	15
taste	have a taste（味見する）	16
	have a taste of（〜の味がする）	157
	have a bitter taste（それは苦い味がする）	157
	have a discriminating taste（目が肥えていてうるさい）	195
	have a fishy taste（生臭い味がする）	156
	have a good taste（おいしい）	35
	have a salty[sweet] taste（塩辛い／甘い味がする）	157
	have no taste of poverty（貧乏をした経験がない）	154
temper	have a moderate temper（気性が穏やかだ）	104
	have a short[quick] temper（短気だ）	104
temperament	have a fiery temperament（激しやすい性格だ）	103
	have a hysterical temperament（性格的にヒステリーを起こしやすい）	103
	have a violent temperament（気性が激しい）	103
temperature	have a temperature（熱がある）	58
	have a high temperature（with a chill）（〈悪寒を伴う〉高熱がある）	58
	have a slight temperature（微熱がある）	58
temptation	have a strong temptation to（〜したい気持ちに駆られる）	171
tendency	have a tendency（傾向がある）	20
	have a tendency to[for]（〜の傾向がある）	45,89,90
terror	have a terror（脅える）	182,183
texture	have a harsh texture（肌触りがよくない）	108
thirst	have a burning thirst for knowledge（知識欲に燃えている）	169
thought	have a thought（考える）	19
	have *one's* thoughts（考える）	12
	have *one's* second thought（考え直す）	12
	have other thoughts（別の考えがある）	12
throat	have a sore throat（のどが痛い）	45,54
	have a slight sore throat（のどがちょっと痛い）	54
thumb	have a green thumb（園芸の才がある）	97,106
	have ten thumbs（不器用だ）	106
thunder	have thunder（雷が鳴る）	136
tie	have a tie（関係がある）	74
	have a business tie（〜とは取引関係がある）	74

	have close economic and trade ties with（〜と経済面でも貿易面でも関係が深い）	75
	have cooperative ties with（〜と協力関係にある）	75
tilt	have a pro-Israel tilt（イスラエル寄りである）	187
time	have an awful time (of it)（ひどい目に遭う）	153,159
	have a bad time (of it)（ひどい目に遭う）	153
	have a difficult time（〜するのに苦労する）	158
	have a difficult time 〜ing（〜するのに苦労する）	158
	have a difficult time coping with（〜の処理に苦労する）	158
	have a fine time（素晴らしい時を過ごす）	153
	have a good time (of it)（楽しく過ごす）	153
	have a great time（すごく楽しく過ごす）	153
	Have a great time.（楽しんでいらっしゃい）	153
	have a hard time 〜ing（〜するのに苦労する）	158
	have a hard time of it（大変な経験をする）	153
	have a hard time with（〜の問題で苦労する）	159
	have a lively time（はらはらする）	153
	have a rare old time of it（素晴らし時を過ごした）	153
	have a rough time at work（仕事で大変な目に遭う）	159
	have a tough time（〜するのに苦労する）	159
	have a wicked[wonderful] time（楽しい）	153
	have nothing to do to fill the time（間が持たない）	202
	if you have some time to spare（少しお時間がありましたら）	78
tip	have a tip on（〜の当てがある）	193
tire	have a flat tire（タイヤがパンクする）	143
toast	have a toast（乾杯する）	16,33
tongue	have a fluent[facile] tongue（雄弁である）	105
	have a foul tongue（口汚い）	105
	have a gentle tongue（言葉遣いが優しい）	105
	have a loose tongue（おしゃべりである）	105
	have a malicious tongue（人をよく中傷する）	105
	have a silver tongue（弁舌が爽やかである）	105
tooth	have a sweet tooth（甘いものが好きだ）	106
toothache	have a bad toothache（歯がひどく痛む）	46
tornado	have a big tornado（大きな竜巻がある）	135
touch	have a touch for（〜する特殊な才能がある）	97
	have a golden touch for（素晴らしい〜の才がある）	97
	have a light touch（手際が良い）	96
	have a near touch（際どいところで事故を免れる）	175
trail	have a trail（手掛かりをつかむ）	192

	have lots of trails to follow（いくつもの手掛かりがある）	193
trait	have a rare trait（珍しいカラーを持っている）	117
transmission	have a very good light transmission（光の透過率が非常によい）	94
tremor	have a tremor in（〜に震えがある）	60
trend	have a trend（傾向がある）	18
	have a deflationary trend（デフレ傾向にある）	90
	have a global warming trend（地球温暖化傾向にある）	90
trip	have a trip（旅をする）	17
	have a business trip（出張する）	39
	have a day trip to（〜へ日帰り旅行をする）	39
	have a good trip to（〜へ旅行して楽しむ）	39,154
	Have a pleasant[good, great] trip!（良い旅を）	40
	have another trip（また旅に出る）	39
trouble	have trouble 〜ing（〜するのに苦労する）	158,159
	have trouble with *one's* eyesight（視力に障害がある）	58
	have a digestive trouble（消化不良を起こす）	48
	have a persistent skin trouble（皮膚病が絶えない）	53
trust	have a trust（信用する）	17
try	have a try（挑戦する）	17,42
tumble	have a tumble（つまずく）	17,36,37
typhoon	have many typhoons（台風がよくくる）	136

U

understanding	have an understanding（理解している）	19,61
	have a clear understanding of（〜をはっきり認識する）	62
	have a new understanding of（〜の力を再認識する）	62
	have a poor understanding（ほとんど理解していない）	61,62
union	have a reunion（クラス会を開く）	155
ups	Life has its ups and downs.（人生は山あり谷あり）	201
upset	have a stomach upset（胃の調子が悪い）	48
	have an upset stomach（胃がもたれる）	49
urge	have an urge to（〜したい衝動に駆られる）	171
	have a frequent urge to urinate（頻繁に尿意を催す）	171
	have a strong urge to（〜したい強い衝動に駆られる）	170
	have a wild urge to（〜したくてたまらない）	168,169

use	have a lot of practical uses（非常に実用性が高い）	140

V

vaccination	have a vaccination against influenza（インフルエンザの予防接種を受ける）	45
value	have a low calorific value（低カロリーだ）	139
view	have a view（意見を持つ）	18
	have ... in view（眼の届くところに置く）	67
	have a different view about（〜に関する考え方が違う）	72
	have a good view of（〜がよく見える）	109
	have a well-balanced view of（〜に関してバランスのとれた見方をする）	73
	have an objective in view（一つの目的をしっかり見据える）	67
	have identical views on（〜に対し同じ見解である）	73
	have a prejudiced view of（〜を白眼視する傾向がある）	186
vintage	have a good vintage（〜が豊作だ）	138
virtue	English has the grammatical virtue of simplicity.（英語は簡単であるという文法的長所を有する）	109
	have virtues and weaknesses（長所と短所を持つ）	109
vision	have a clear vision for *one's* future（将来像をはっきり持つ）	70
	have poor vision（視力が弱い）	156
visit	have a visit（訪問する）	17
	have a very informative visit（〜を見学して大変いい勉強になった）	39
	have a very productive and enjoyable visit to（成果があり楽しい旅行をする）	39
	have plenty of visits to（よく〜を訪ねた）	39
voice	have a great voice（声がいい）	108

W

wad	have a wad of cash（懐が温かい）	188
waist	have no waist（ずん胴だ）	108
wait	have a wait（待つ）	17
	have a long wait to（〜するのに長く待たされる）	43
walk	have a walk（歩く）	15
	have a good walk（よく散歩する）	30
wash	have a wash（洗う）	17
	have a good wash of *one's* hands（手をよく洗う）	42
way	have a different way of thinking about（〜に関して別の考え方をする）	73

weaknesses	have virtues and weaknesses（長所と短所を持つ）	109
wedding	have a wedding（結婚式を行う）	155
	have a church wedding（教会で結婚式を挙げた）	155
weep	have a weep（すすり泣く）	17
	have a good weep（しくしくと泣く）	41
	have a helpless weep（止めどもなくむせび泣く）	40
what	have what it takes to be（素質がある）	200
	What have you to do with it?（あなたとどういう関係があるのですか）	75
whisker	have whiskers on *one's* chin（頬ひげを生やしている）	149
windy	have a windy day（風が強い）	136
wipe	have a wipe（拭く）	17
	have a good wipe of（〜をよく拭く）	42
wish	make a wish for（〜を祈願した）	138
wit	have a quick wit（頭の回転が速い）	105
word	have a word with（〜と意見交換をする）	38
word	have a bad word to say about（〜について不満がある）	166
workout	have a great workout（しっかり運動する）	30
wound	have wounds all over *one's* body（満身創痍だ）	145
	have a minor wound to（〜に小さな傷を負う）	145

Y・Z

yawn	have a yawn（あくびをする）	17
year	have a bumper year of（〜の当たり年だ）	138
zing	have a lot of zing（元気だ）	100

● 著者紹介

市川功二
（いちかわ・こうじ）

1939年愛知県生まれ。1963年，大阪外国語大学英語学科卒業。同年，住友商事株式会社に入社。パリ（6年），トロント（7年），ロッテルダム（2年）に駐在し，15年間にわたり海外を舞台に活躍。この駐在期間を通じ，実用英語の研究を続ける。1997年から麗澤大学外国語学部，2005年から東京家政大学外国語学部にて，ビジネス英語，社交英語及び英語ジャーナリズムを対象に教鞭を執る。主な著書に『ビジネス英語が面白いほど書ける本』（中経出版），『お礼の手紙』（西東社），『「Email時代の」社交英語』『「Email時代の」ビジネス英語』（以上，泉書房），『MLB ENGLISH―松井，イチローを英語で応援できますか』『PGA ENGLISH―勝ち組はこんな英語を話している』（以上，光文社），『最新ビジネス社交英語』『最新ビジネス英語』（以上，英潮社フェニックス）ほか。

英語の基本動詞をマスターする
Haveの辞典

2009年10月 1 日　初版印刷
2009年10月15日　初版発行

著　者	市川功二（いちかわ・こうじ）
発行者	松林孝至
発行所	株式会社 東京堂出版
	〒101-0051　東京都千代田区神田神保町1-17
	電話 03-3233-3741　振替 00130-7-270
ブックデザイン	松倉　浩
DTP	株式会社明昌堂
印刷製本	図書印刷株式会社

ISBN978-4-490-10771-5 C0582
Ⓒ Koji Ichikawa, 2009, printed in Japan

東京堂出版 ● 好評発売中

イギリス英語の悪口雑言辞典
アントニー・ジョン・カミンズ著❖三澤快枝訳❖四六判224頁❖本体1,800円
● 「頭にきた」「馬鹿だな」などの悪態語・侮蔑語をはじめとして、普通のイギリス人なら誰でも知っていて、日常よく使われる下品な英語表現を数多く収録。

クイズで覚える英語イディオム520
牧野高吉著❖四六判256頁❖本体1,800円
● 日常よく使われる英語イディオムを厳選して収録。直訳では理解不可能な慣用句の由来や言い伝えをクイズ形式で楽しく紹介する英語イディオム小事典。

テーマ別 英語ことわざ辞典
安藤邦男著❖四六判312頁❖本体2,200円
● 950例の日常よく使う英語ことわざを75カテゴリー・238テーマに体系的に分類して紹介。使いたい場面に応じて適切なことわざを選ぶことができる。

はじめて書く英文手紙・Eメール
上地安貞・谷澤泰史編著❖A5判304頁❖本体2,200円
● 書きたい内容、場面に応じてすぐに使える英文手紙・Eメール・カードのモデル例文とサンプルレターを掲載。英語力が身につく様々な例文を豊富に収録。

コレって英語で?
デイリー・ヨミウリ編❖四六判224頁❖本体1,500円
● 読売新聞に好評連載中のコラムを収録。「イケメン」「癒し系」など世相を映す言葉から日本語独特の表現まで英語でどういえばいいのかわかりやすく解説。

Q&A英語の疑問相談室
押上洋人・清水順・中山千佐子・楠浩著❖A5判272頁❖本体1,900円
● デイリー・ヨミウリに好評連載中のコラムから厳選した80項目を収録。文法・表現から文化・勉強法まで豊富な例文とともにさまざまな疑問に答える。

最新ニュース英語辞典
デイリー・ヨミウリ編❖四六判504頁❖本体2,600円
● 政治、経済、社会・文化、国際、軍事・安全保障、科学技術・環境、スポーツなど分野別に主要な時事用語約7000語を収録。現代用語の和英表現辞典。

英語の感覚感情表現辞典
上地安貞・谷澤泰史編著❖四六判400頁❖本体2,200円
● 視覚・聴覚・味覚など五感を表す感覚表現から喜怒哀楽・性格・態度など気持ちを伝える感情表現まで英語でどういうのか発想分類別に約2200項目収録。

ローダス21 最新法律英語辞典
長谷川俊明著❖四六変型判804頁❖本体5,500円
● 海外取引・契約・交渉など国際ビジネスの場で実務に役立つ英語の法律用語約3700語収録。和英辞典の機能を果たす和英索引付。実務に生かせる英和辞典。

(定価は本体+税となります)